재미있는 배 이야기

대한과학진흥회 엮음

스완미디어
SWAN MEDIA

책 머리에

오늘날 우리들은 고도로 발달된 과학 문명의 혜택 속에 살고 있습니다.

우리의 선진 조국 창조를 위해 무엇보다 중요한 것이 과학 기술의 개발입니다. 특히 자원이 부족한 우리나라에서 가꾸어야 할 유일한 자원은 과학 기술로 무장한 풍부한 인력 자원입니다.

대한 과학 진흥회에서는 배우는 학생들을 위해 사물을 깊이 관찰하는 습관과 합리적이고 창의적인 과학적 사고를 심어 주기 위한 방법의 하나로 과학 문고를 엮어 내고 있습니다.

과학 문고를 펴냄에 있어서 딱딱한 과학지식을 그림을 곁들여 쉽고 재미있게 이야기로 풀어 써서 학생들이 스스로 원리를 발견하고 재미를 느끼게 함으로써 과학의 여러 분야에 대하여 흥미를 갖고 접근할 수 있도록 하였습니다.

이 책과 더불어 많은 학생들이 과학에 깊은 관심을 갖고 탐구심과 창의력을 기르며 과학을 생활화 할 줄 아는 사람이 되는데 많은 도움이 되었으면 하고 바라는 마음 간절합니다.

기획편찬 **대한과학진흥회**

차례

배는 어떻게 시작 되었을까요?

최초의 배

바다에서의 교통기관은 무엇일까요? 그것은 배입니다.

배는 물 위에 떠서 물건이나 사람을 싣고 다니는 중요한 교통 기관입니다. 즉 나무나 쇠 같은 것으로 만들어서 물 위에 떠다니게 만든 보트, 여객선, 군함 등이 모두 배에 속하는 것이지요.

과학이 발전한 요즈음에는 멋지고 빠른 많은 종류의 배들이 있습니다. 그러면 과학이 발달하기 전인 아주 옛날에도 배들이 있었을까요?

여러분이 상상할 수도 없을 만큼 아주 먼 옛날의 배는 아마도 하나의 통나무였을 것입니다. 어쩌면

옛날의 사람들은 강물에 떠내려가는 통나무에 걸터 앉아서 함께 둥둥 떠내려갔을지도 모르지요. 그러던 사람들은 손으로 물을 저어서 조금 더 빨리 흘러갈 수도 있었을 것입니다. 그리고 느림보 거북이처럼 천천히 방향을 바꿀 수 있었겠지요.

그러나 통나무가 빙그르르 구르면 타고 있던 사람은 그대로 물 속으로 풍덩! 빠지기도 했습니다. 물에 빠진 사람은 말 그대로 물에 빠진 생쥐 꼴이 되었습니다.

또 다른 어떤 사람들은 동물의 가죽에 공기를 넣어서 묶고 그것을 강물에 띄워 그 위에 타고 강을 건너기도 했습니다.

그러던 어느 날 에디슨만큼이나 발명하기를 좋아하는 옛사람이 덩굴로 통나무 서너 개를 함께 엮어 보았습니다. 이것이 바로 뗏목입니다.

뗏목은 잘 뒤집히지 않아서 강을 건너기에 매우 좋았습니다. 그리고 더 좋은 것은 여러 사람이 함께 탈 수 있다는 점이었습니다.

좀 더 세월이 지난 후, 어떤 사람은 통나무를 움푹하게 파보았습니다. 그리고 그 안에 짐을 싣고 강을 건넜습니다.

다른 사람들이 보기에 그것은 참 편리하고 훌륭해 보였습니다. 그래서 다른 사람들도 앞다투어 그런 통나무 배를 만들기 시작했습니다.

그 통나무 배는 보기보다 만들기가 훨씬 어려웠지만, 그들은 나무를 불로 태워서 통나무를 파냈습니다. 또 다른 사람들은 날카로운 꼬챙이와 돌로 파내기도 해서 이곳 저곳의 강에서는 많은 통나무 배들이 돌아다닐 수 있었습니다.

여기까지의 배의 역사는 많은 역사가들과 과학자들이 미루어 짐작한 것입니다. 그렇다고 해서 전혀 근거가 없는 것들만은 아닙니다.

'블릭 보트'는 그 시대의 대표적인 통나무 배인데, 길이는 14.5미터 너비는 1.36미터로, 통나무 배로서는 상당히 큰 배였습니다.

이 배를 보다 더 튼튼하게 만들기 위해 그 시대의 사람들은 가로대를 깎아 일정한 간격으로 선체에 끼워 넣었습니다. 그리고 배 양쪽에 구멍을 뚫어서 생가죽 끈으로 꿰어 배의 양 옆을 묶었습니다. 이런 방법은 가로대가 배의 양쪽을 보다 더 세게 받쳐주어 튼튼한 배를 만들 수 있었습니다.

고대 이집트에서는 파피루스(나일강 근처에서 자라는 갈대의 종류)를 묶은 작은 배의 그림이 피라밋 속의 벽화에 나옵니다.

고대 이집트 시대보다 훨씬 나중에는 안정성을 좋게 하기 위해 배 2척을 늘어놓고, 그 사이를 로프인 튼튼한 밧줄로 연결하거나 옆에 작은 배를 붙인 것도 있었습니다. 이집트 사람은 배를 세로로도 튼튼하게 만들기 위해 '트러스'를 발명하였습니다. 트러스는 배의 이물에서부터 선미재의 위를 지나 고물까지 이어지는 로프를 말합니다. 이것은 배의 외형으로는 별로 보기좋은 모양은 아니었지만 여러 가지로 매우 쓸모가 있었습니다. 이 트러스는 배가 파도에 실려 위로 쳐들어졌을 때에 이물과 고물이 아래로 처지는 것을 방지했기 때문입니다.

이러한 배들은 에스키모인들이나 태평양, 동남 아시아의 여러 섬에서 사용되었으며 요즈음에도 가끔 볼 수 있는 것들입니다.

노와 돛을 이용한 배

노와 돛은 언제부터 사용되었고 누구에 의해 만들어졌을까요?

불행히도 노와 돛은 누가 만들었는지, 그리고 그 두 가지 중 어느 것이 먼저 사용되었는지 알 수가 없습니다. 다만 통나무 배에 몸을 싣고 가던 중 납작한 나무를 이용해 물살을 젓는 것에서부터 시작되었다고 짐작할 뿐이지요. 그러므로 노는 돛보다 더 빨리 사용되었을 것입니다.

돛을 처음 만든 사람도 아마 물 위에 나뭇잎이 떠

가는 것을 보고 아이디어를 얻은 사람이었을지 모릅니다.

맨 처음에 만든 돛은 무엇으로 만든 것인지도 분명하지 않습니다. 어쩌면 맨 처음의 돛은 넓고 질긴 나뭇잎이었거나, 얼기설기 짠 풀잎이었을 것입니다. 아니면 넓은 나무 껍질이었거나 댓조각을 엮은 것이었을지도 모르지요.

그것이 무엇으로 만들어져 사용되었는지는 잘 모르지만, 돛은 노보다도 훨씬 편리한 것이라는 것을 사람들은 알게 되었지요.

노와 돛의 역사를 우리가 확인할 수 있는 것은 기원전 3000년 전으로 거슬러 올라갈 수 있습니다.

그 때에는 이미 그리스, 이집트 등에서 돛과 노를 함께 사용한 대형 배가 만들어졌습니다.

노는 지레의 원리를 이용한 것입니다.

돛은 바람이라는 자연의 에너지를 돛이라는, 하나의 바람막이를 이용해서 앞으로 나아가게 하는 훌륭한 발명품입니다.

고대 이집트의 돛은 4각으로 된 천을 이용해서 만든 것으로, 서양에서 사용한 돛단배의 기원이 됩니

다. 그런데 4각 돛은 지중해와 아라비아해에서는 3각 돛으로 바뀌어 사용되었습니다.

3각으로 된 돛은 4각으로 된 돛보다 움직이기가 훨씬 쉽습니다. 그래서 바람의 방향이 바뀐다 하더라도, 돛만 약간 움직이면 그 방향이 바람을 잘 이용할 수 있었습니다.

배를 만드는 기술이 가장 잘 발달된 곳은 지중해 쪽에 자리한 페니키아라는 나라였습니다. 고대 페니키아 사람들은 그 무렵의 항해자 가운데서 가장 유명한 사람들이었습니다. 페니키아라는 나라의 땅이 지중해와 사막 사이에 끼여 있는 좁고 길며 메마른 땅이었기 때문에 그 나라의 국민들이 바다로 진출했기 때문입니다.

페니키아 사람들은 육지가 보이지 않는 망망한 바다를 3년 동안 항해하여 세계 최초로 아프리카일주에 성공하기도 했습니다.

이것은 기원전 600년 전의 일이었습니다. 페니키아 사람들의 무역선은 지중해 곳곳을 누볐습니다. 그들은 멀리 영국까지도 갔습니다.

페니키아 사람들은 전쟁용 배와 상업용 배를 다른

모양으로 만들어서 사용했습니다. 그 배들의 겉모양에 대한 기록은 없지만 배는 둥근 형태로 노와 돛을 사용한 범선이었습니다.

그러나 전투용 배는 밋밋하고 긴 형태로, 노를 주로 사용하였으며 돛은 보조로 썼습니다. 그래서 항해 속도가 매우 빨랐습니다.

페니키아 사람들은 배의 속도를 올리기 위해 '바이림'과 '트라이림'을 발명하였습니다.

'바이림'은 1층과 2층에서 2열로 노젓는 사람이 있는 것이고, '트라이림'은 1층에서 3층까지 3열의 노젓는 사람이 있는 것입니다.

이것은 배의 길이를 늘리지 않고도 배의 속도를 올릴 수 있는 방법이었습니다. 또한 선체에는 끝이 뾰족한 나무를 달아 상대방의 배가 쉽게 접근하지 못하도록 했습니다.

보통의 페니키아 배는 나무들에 판자를 깔았으며, 노를 2단 3단으로 접을 수 있도록 만든 대형 배였습니다. 최초의 이러한 대형 배는 속도보다는 얼마나 오랫동안 거친 바다를 항해할 수 있는가에 중점을 두어 만들어진 것입니다 이러한 배를 '갤리선'

최초의 대형배는
갤리선 이었습니다.

이라고 합니다.

그 유명한 줄리어스 시저나 안토니우스가 지중해를 건너 여왕 클레오파트라가 거느리는 이집트로 진격하는데 사용했던 것도 바로 이 갤리선이었습니다.

갤리선의 대표적인 것으로 알려진 로마의 트리렘호는 기원전 400년쯤 전에 만들어졌습니다. 그 배의 길이는 42미터나 되었고, 큰 4각의 돛과 3단으로 늘어놓은 노가 양쪽에 설치되어 있었으며 약 100명 이상의 사람들이 그 노를 저었습니다.

갤리선은 보통 무역선이었는데, 그리이스. 로마시대에는 군함으로도 사용되었습니다.

배가 무역선으로 바다를 다닐 때는 큰 돛으로 바람을 이용해서 나아갔습니다. 그러나 군함으로 사용할 때는 돛은 거의 이용하지 않고 노를 사용해서 힘차게 전진했습니다.

무역선이나 군함의 노를 젓는 사람은 대개가 노예나 죄수들이었습니다.

노를 젓는 노예들은 약 백 명 정도로 그들은 배의 맨 밑바닥에서 노를 저었는데, 쇠사슬로 묶여 서로

연결되어 있었습니다.

그래서 그 배가 싸움에서 지기라도 하면 노를 젓는 노예들은 도망도 가지 못하고 배와 함께 꼼짝없이 물 속에 잠겨 그대로 죽을 수밖에 없었습니다. 이러한 이유로 그 시대의 해전은 참으로 무시무시한 것이었습니다.

갤리선의 돛은 배가 나아가는 방향에서 볼 때 가로로 달아놓은 돛이었습니다. 이러한 돛모양의 배를 횡범이라고 합니다. 이 횡범은 뒤에서 불어오는 바람을 받는 데는 좋지만, 옆에서 바람이 불면 잘 달리지 못했습니다. 그래서 그런 때에는 노를 저어 항해를 해야만 했습니다.

바람이 어떻게 돛단배를 가게 하는지 알아봅시다.

네모진 빳빳한 종이에 이쑤시개를 끼웁니다. 그리고 그 이쑤시개의 한쪽을 두꺼운 마분지에 다음 그림과 같이 꽂습니다. 그것을 물이 담긴 대야에 띄우고 훅 불어보세요.

불기를 멈추면 배가 어떻게 되나요? 배는 멈춥니다. 돛단배는 바람이 불 때에만 앞으로 나아가기 때문이지요

범선

남유럽 지역의 바다 대부분 갤리선을 이용하였지만, 북유럽 지역의 바다에서는 해적선으로 더 잘 알려진 바이킹(원래의 뜻은 '바다의 용사')호가 있었습니다.

이 바이킹 호는 갤리선보다 몸체의 길이가 더 길고 4각으로 된 한 장의 큰 돛과 40~50명이 노를 저을 수 있는 배였습니다.

바이킹 호의 특징은 돛을 가로로 달은 횡범 외에 그 돛을 세로로 돛이 달린 것처럼 종범으로도 이용할 수도 있는 점이었습니다.

종범을 사용하면 바람의 방향에 관계 없이 마음먹은 방향으로 달릴 수 있습니다

바이킹 호는 이렇게 횡범과 종범을 혼합해서 사용한 돛이었기 때문에 바람이 있을 때는 바람이 어느 방향에서 불든 상관치 않고 어느 곳이든 마음대로 갈 수 있었습니다.

그들은 대서양을 건너 북아메리카까지 나아갈 수 있었습니다.

바이킹 호는 마침내 대양을 항해할 수 있는 범선의 기원이 되었고, 13~14세기의 범선을 거쳐 오늘날의 범선의 원형이 되었습니다.

페니키아 사람이나 바이킹의 배보다도 더 발달된 배가 나타나기까지에는 많은 시간이 걸렸습니다.

그러나 지리적 발견 시대로 접어들자 배의 발전속

도는 점차 빨라지게 되었습니다. 그 무렵의 배는 여러 개의 마스트와 여러 종류의 돛을 가지고 있었습니다. 사람들은 그러한 복잡한 장비를 간단하게 조정하여 속력을 높일 수 있었습니다.

15세기 끝 무렵인 1492년, 콜룸부스가 아메리카

대륙을 발견했을 때의 그 유명한 산타마리아 호는 그러한 범선의 대표적인 것이었습니다. 이러한 배의 발달은 세계의 지리적 발견 시대를 여는 데에 결정적인 중요한 역할을 하였습니다.

1453년, 회교도 사람들은 서아시아 보스포러스 해협의 서안에 있는 터키 최대의 콘스탄티노플을 점령함으로써 동지중해 정복을 완성하였습니다.

콘스탄티노플 해협은 터키 북서부와 유럽의 양대륙 사이에 있는 해협으로 옛부터 유럽과 아시아 접속의 요지였습니다.

이 사건은 그동안 아시아와의 무역으로 이익을 남겼던 유럽의 지배자들이 콘스탄티노플해협이 아닌 새로운 항로를 찾게 만든 동기가 되었습니다.

그 가운데서도 포르투갈의 헨리 왕자는 아프리카를 도는 서 아프리카 항로를 찾는 일에 전 생애를 바쳤습니다.

그러나 그 꿈은 헨리 왕자가 죽은 뒤, 27년째 되는 1486년부터 1487년에 걸쳐 발트로메오 디아스라는 사람이 대신 이루어 주었습니다.

디아스는 아프리카 최남단을 발견한 것입니다. 바

스코다 가마는 디아스의 뒤를 이어 아프리카동해안에서부터 인도까지의 항로를 완성하였습니다.

이처럼 포르투갈 사람이 아프리카를 돌아서 동쪽으로 가는 뱃길을 열려고 한 것과는 달리, 스페인 사람은 서쪽으로 해서 도달하는 뱃길을 찾기 위해 노력했습니다

그래서 드디어 1492년 8월 3일, 콜룸부스는 산타마리아 호를 타고 항해를 시작하였습니다.

콜룸부스는 36일 동안의 항해 끝에 지금의 바하마제도에 도착했습니다. 그는 그 곳에서 다시 항해를 계속하여 쿠바 섬과 이스파뇰라 섬을 발견했습니다.

그러나 콜룸부스는 그 곳이 신대륙이 아니라 동아시아라고 믿었습니다. 그 이후 이 곳이 신대륙이라는 사실을 깨달은 사람은 아메리고 베스웃치라는 사람이었습니다.

세계 지도는, 그들이 알고 있는 만큼의 신대륙을 넣어 다시 새롭게 그려졌습니다.

1519년 9월 20일, 포르투갈의 항해사, 페르디난도 마젤란은 5척의 배와 234명의 승무원을 이끌고

남아메리카의 항로를 찾아 뱃길을 떠났습니다.

이들 원정대는 1520년 10월 21일에 아메리카 대륙 최남단에 이르러 서쪽 방향으로 나 있는 해협을 발견하였습니다.

그들은 희망에 가득 차서 더욱 앞으로 전진했습니다. 그리하여 좁은 해협을 지난 지 38일 뒤에 그들은 큰 바다로 나오게 되었습니다. 그 바다는 이제까지 한 번도 배가 항해한 일이 없는 새로운 곳이었습니다.

마젤란은 그 바다에 평화롭다는 뜻의, '패시픽' 이라는 이름을 지어 주었습니다. 그리고 자신들이 통과한 좁은 해협은 '마젤란 해협' 이라고 이름을 지었습니다.

이 원정대는 더욱 앞으로 나아가 마리아나 제도와 필리핀까지 이르렀는데 그 곳에서 총 지휘자인 마젤란은 죽고 말았습니다.

살아 남은 사람들은 항해를 계속하여, 1522년 9월 6일 드디어 최초의 출발지에 도착할 수 있었습니다. 그들은 3년 동안에 걸친 긴 항해 끝에 드디어 세계를 한 바퀴 돈 것이었습니다 그러나 살아

남은 사람은 18명 뿐이었으며 배도 단 한 척만 돌아올 수 있었습니다.

이처럼 항해에 의한 새발견으로 인류는 세계를 더욱 정확하게 알게 되었답니다. 배의 발달이 아니었다면 정말 불가능한 일이었을 것입니다.

이와 같은 수백 년 동안에 걸친 세계 지리의 발견에 따라 범선도 직접 변해갔습니다.

배의 설계자들은 배의 이물과 고물 사이에 우뚝

솟아 있는 탑루를 없애 버리고 배의 중심을 내렸습니다. 그리고 선체가 튼튼한 대형 선박을 대량으로 만들어 냈습니다.

그리하여 범선들은 16세기부터 19세기까지 마치 흰꽃으로 장식한 아름다운 모습으로 세계의 바다를 누볐습니다.

그 뒤 배의 발달에는 두 가지의 커다란 변화가 작용하게 되었습니다. 그 하나가 미국이 독립전쟁 때에 영국 군함을 속도에서 이기기 위해 매우 빨리 달리는 배를 만들어 낸 것입니다.

범선은 처음에는 영국,스페인,네덜란드가 서로 앞서거니 뒤서거니 할만큼 앞서 있었습니다.

그러나 19세기에 이르러서는 미국이 적하량(배에 싣는 화물의 양)보다는 빠르기를 중요시한 쾌속 범선을 만들어 내어 빠르기에서는 미국이 앞서게 되었습니다.

'볼티모어 클리퍼' 라고 불리우는 이 배는 몸체가 작고 매끄럽게 달리며 매우 빠르다는 특징을 가지고 있었습니다.

또 하나의 변화 원인은 1832년 영국 정부가 그동

안 동인도회사가 독점하던 중국 차 무역을 폐지시킨 사실입니다.

그러자 뉴욕의 존 브리피스는 중국 차 무역을 목표로 하여 볼티모어의 클리퍼 배를 개량하여 새로운 무역선을 설계했습니다.

1845년 진수된 '레인보 호' 라는 이름의 이 배는 '양키 클리퍼' 배의 제 1호선이었습니다.

배의 중심을 낮추고, 돛을 포갠 이 양키 클리퍼는

배의 강도 적재능력, 배의 수명을 줄이고 그 대신 배의 속도를 높이도록 설계된 대양 무역선이었습니다.

이전의 배가 파도에 실려 앞으로 나아간 데 비하여, 이 클리퍼는 파도를 헤치고 앞으로 나아갔습니다. 다른 범선이 아무리 속력을 내도 최대 15노트(1노트는 1시간에 1.85킬로미터의 속도)로 달리는 데에 비해, 클리퍼는 20노트이상 되는 빠른 속도로 나아갔습니다.

왜냐하면 그 당시 중국 차는 누가 그 시절의 차를 가장 먼저 가지고 돌아오는가에 따라 많은 이익을 남길 수 있었기 때문입니다. 그리하여 클리퍼는 경쟁적으로 속도가 빨라질 수 있었습니다.

그러나 1860년대에 미국 횡단 철도가 캘리포니아까지 개통되고, 수에즈 운하도 개통되자, 클리퍼는 차 무역 경쟁에서의 우선권을 기선과 철도에 빼앗기게 되었습니다.

그러나 기선은 많은 석탄을 사용해서 앞으로 나아간다는 조건 때문에 범선이 다시 쓰이게 되었습니다. 범선은 소금에 절인 고기와 식량, 승무원만 있

다면 여러 달 동안 항해할 수 있기 때문이지요.

속도가 별로 중요하지 않게 되자 '윈드 쟈마' 선이라는 거대한 범선이 나타났습니다. 그것은 클리퍼 배보다 선체에 여유가 있었으며, 대부분이 무쇠로 만들어져 있어서 매우 튼튼했습니다.

게다가 배에 실을 수 있는 화물 적재량은 늘었지만 승무원의 수는 적어도 되었습니다.

지금도 바다에는 이런 종류의 범선이 항해하고 있으며, 주로 해군 사관 후보생들의 훈련 연습선으로 이용되고 있습니다.

범선 시대의 최후를 장식한 배는 1902년 독일에서 만든 프로이센 호입니다.

이것은 길이 133.5미터, 폭 16.4미터, 무게는 1만150톤, 그리고 5개의 돛대에는 6장의 돛을 달고 최대 15노트로 달릴 수 있었습니다.

그러나 이 거대한 범선이 완성되었을 때는 범선시대는 이미 끝이 나고, 동력선으로 접어드는 시기였습니다.

증기선의 탄생

돛으로 자연의 에너지를 이용하는 몇 천년 동안의 항해방법은 결국 한계에 달했습니다. 사람들이 좀 더 편리하고 실용적인 배를 원했기 때문입니다.

17세기가 끝날 무렵 사람들은 실용화된 증기 기관을 배의 동력으로 이용하면 어떨까 하는 생각을 했습니다.

1705년, 영국의 토마스 뉴코멘은 최초의 증기 엔진을 만들었습니다.

그리고 그 후 30년 뒤에 영국의 시계 기술자가 뉴코멘의 엔진에 2개의 바퀴를 연결하여, 그것을 추진력으로 한 증기선을 만들었습니다. 그러나 그 증기선은 실패로 끝나고 말았습니다. 엔진이 단일 작동이어서 밀 수는 있었지만 당길 수가 없었기 때문입니다.

1783년에 프랑스 사람인 다번은 2기통 엔진을 만들어 그것을 2개의 외륜에 연결했습니다. 이 엔진은 그의 배인 '피로스카프'호에 설치되어 처음으로 바다를 항해할 수 있었습니다. 그러나 그는 너무 많은 돈을 연구와 제작에 들인 나머지 그만 파산하고 말았습니다.

1790년 미국의 존 피치라는 사람은 델라웨어강에 세계 최초의 증기선 정기 항로를 열고 필라델피아와 트렌트 사이를 왕복하였습니다.

이 배는 고물에 있는 외륜에 의해 움직였으며, 개량한 증기 엔진을 원동력으로 삼고 있었습니다.

그러나 불행하게도 피치가 선택한 증기선 항로는 육지의 합승 마차의 정기 노선과 같았습니다. 손님들은 대개 값싸고 편리한 합승 마차를 이용했기 때문에 피치의 증기선은 손님이 적을 수밖에 없었습니다. 결국 피치는 증기선의 운항을 중지해야 했습니다. 그러는 동안 스코틀랜드에서는 제임스 와트가 유명한 증기 엔진을 발명하였습니다.

제임스 와트의 증기 엔진은 그 이전의 다른 엔진과 비교가 되지 않았습니다. 훨씬 사용하기 편리했습니다. 그러자 같은 스코틀랜드 사람인 윌리엄 사이밍턴은 와트가 발명한 증기 엔진을 배의 원동력으로서 이용했습니다.

사이밍턴은 증기 기관사의 기사로 일하면서, 증기

자동차를 연구하다가 차차 증기선을 만드는 일에 흥미를 갖게 되었습니다.

그는 1788년 양쪽에 물을 젓는 바퀴가 달린 증기선을 만들어 마침내 강을 달리는 데에 성공하였습니다.

그 뒤 연구를 계속하여 1803년에는 '샤를럿 댄더스 호'라고 하는 증기선을 만들었는데, 이것은 거룻배를 끄는데 쓰는 기선이었습니다. 그가 만든 샤를럿 댄더스 호는 완전히 성공한 기선이었습니다.

그러나 샤를럿 댄더스 호가 배를 끄는 일을 맡게 되자 큰 문제가 일어났습니다.

당시 배를 끄는 일을 하면서 먹고 살던 사람들의 항의가 들어온 것입니다. 그들은 운하의 언덕에서 사람이나 말의 힘을 이용하여 밧줄로 배를 끌어 상류로 옮겨 주는 일을 하던 사람들이었습니다.

그런데 큰 힘을 가진 증기선이 나타나 배를 끌게 되자, 그 사람들은 자기들이 모두 실업자가 된다 하여 필사적으로 반대하는 항의를 해왔던 것입니다.

그리하여 정부에서도 마침내 샤를럿 댄더스 호가 운하의 제방을 상하게 만든다는 이유로 운항을 중지시켰습니다.

사이밍턴의 증기선은 성공에도 불구하고 결국 운항이 중단되고 만 것입니다.

이렇게 여러 연구가들이 증기선을 만들었지만 많

은 반대와 연구비 부족으로 운항이 중단되는 것이 당시 증기선의 형편이었습니다.

하지만 이들보다도 훨씬 늦게 증기선을 만든 로버트 풀턴은 많은 사람들의 발명이 실패로 돌아간데 비해, 그의 기선은 널리 이용되어 '기선의 발명자'라는 영광스러운 이름을 차지하게 되었습니다.

풀턴이 기선을 발명하게 된 동기는 다음과 같습니다.

미국이 독립전쟁을 끝내자 미국 곳곳의 강에서는 뗏목을 이용해서 물건을 운반하였습니다.

목공 기술자였던 풀턴은 그러한 미국의 어려운 처지를 생각하고, 미국이라면 증기선이 무척 필요할 것이라 생각했습니다. 그는 정치가인 리빙스턴을 찾아가 자신의 생각을 밝히고 후원을 약속받았습니다.

풀턴은 목공 일을 그만두고 증기선에 대한 연구를 시작하였습니다. 이윽고 영국의 증기 기관을 주문하여 1806년부터 기선 제작에 들어갔습니다.

한편으로는 리빙스턴에게 다시 부탁하여 미국 정부로부터 뉴욕주에 있는 강에서 풀턴의 증기선 외에는 달릴 수 없도록 약속을 받았습니다.

그렇게 해 둠으로써 풀턴은 다른 사람들의 반대나 훼방도 모두 물리칠 수 있었습니다.

그러나 기선은 생각만큼 그렇게 쉽게 만들어지지 않았습니다.

풀턴이 증기 기관을 들여와서 기선 제작에 들어간

지도 1년이 넘었던 것입니다.

풀턴은 그 동안 온갖 노력을 다 기울였습니다. 수십 번의 실패도 거쳐야만 했습니다.

그럼에도 불구하고 기선이 완성되지 않았기 때문에 사람들은 점점 풀턴을 비웃고 바보라고 손가락질했습니다.

그러나 풀턴은 실망하지 않고 묵묵히 증기선을 만들었습니다. 그런 힘든 노력 끝에 풀턴의 배는 거의 완성이 되었습니다.

조선소에는 길이가 40미터도 넘을만한 큰 배의 선체가 누워 있었습니다.

그것은 나무로 만들어진 배였는데, 배의 중심에는 가늘고 긴 굴뚝이 우뚝 서 있었습니다. 굴뚝의 모습은 참으로 당당해 보였습니다. 그 굴뚝 밑에는 증기기관이 장치되어 있었습니다.

풀턴은 이제 배에 외륜을 달기만 하면 되었습니다.

증기 엔진의 힘으로 외륜을 돌리면 외차에 달려있는 물갈퀴 같은 널 조각이 물을 헤치며 배를 앞으로 달리게 하는 것입니다.

풀턴은 자신의 기선에 만족해 하며 사람들이 놀라워할 모습에 흥이 절로 났습니다.

드디어 증기선이 완성되었습니다. 1807년 8월 9일의 일입니다.

풀턴의 배의 이름은 '클레어몬트 호'라고 하였습니다.

클레어몬트 호는 큰 굴뚝과 함께 외차가 두 개 달렸고 길이는 45미터, 폭은 4미터여서 겉모양이 매우 우스꽝스러워 보였습니다. 그도 그럴 것이 그 당시 미국에는 증기선이 없었고 더군다나 외차가 달린 배는 상상할 수도 없었기 때문에 더욱 그렇게 보였던 것입니다.

배의 모양이 우습고, 풀턴이 너무 여러 번 실패를 거듭했기 때문에 사람들은 풀턴의 배를 '풀턴의 바보'라고 이름을 붙였습니다.

8월 15일, '풀턴의 바보'는 드디어 시운전을 하게되었습니다.

시운전에서는 뉴욕의 부두를 출발하여 허드슨 강을 거슬러 올라가기로 되어 있었습니다. 부두와 강의 양쪽에는 사람들이 가득 모여 있었습니다. 그러

나 그 모인 사람들의 대부분은 그 배가 실제로는 움직이지 못할 것이라고 생각했습니다.

드디어 출발 시각이 되어, 출발 신호를 알리는 불꽃과 함께 클레어몬트 호는 미끄러지듯 물 위로 나아갔습니다.

그런데 천천히 움직이던 배가 갑자기 이상한 소리를 내며 멈추어 버렸습니다. 사람들은 '풀턴의 바보'는 역시 엉터리 배라고 소리치며 큰 소리로 웃어댔습니다.

그러나 잠시 후, 클레어몬트 호는 다시 움직이기 시작했습니다. 그리고 묵묵히 검은 연기를 내뿜으며 차차 속력을 내기 시작했습니다. 바보 배라고 웃어대던 사람들은 눈을 휘둥그렇게 뜨고 어리둥절하고 있었지만, 그 동안에도 클레어몬트 호는 점점 멀리 나아가 나중에는 그 모습을 감추어 버렸습니다.

클레어몬트 호는 이 시운전에서 40명의 승객을 태우고 240킬로미터를 항해하여 32시간 뒤에는 올리버 항에 도착하였습니다. 시속은 7.5킬로미터였습니다.

클레어몬트 호가 크게 성공하자, 풀턴은 이것을 개량하여 6개월 뒤에는 허드슨 강에서 짐을 싣기도 하고 사람들을 태우기도 하였습니다.

사람들의 호기심 때문에 이 증기선은 언제나 만원이었습니다.

풀턴은 여기에 그치지 않고 1811년에는 미시시피 강에서 뉴올리언즈 호를 취항시켜 역시 큰 성공을 거두었습니다.

풀턴의 기선이 두 번이나 크게 성공하자 여러 곳에서는 사람들이 앞다투어 증기선을 만들어 내게 되었습니다.

그 뒤 20년 동안 증기 기관을 단 증기선은 눈부시게 발달하여 300~700마력(1마력은 말 한 필이 끄는 힘)이나 되는 증기선도 만들어졌습니다.

증기선의 발달

외륜선은 육지 안쪽의 바다나 강의 나룻배로 이용되는 것에서는 적당하였지만 바다에서는 적당하지 않다는 사실이 밝혀졌습니다.

왜냐하면 물레방아처럼 생긴 바퀴는 대부분이 물 위에 나와 있기 때문에, 파도가 심할 때는 부서지기 일쑤이고 물을 젓는 힘도 약했기 때문입니다.

이러한 점을 보완하기 위해 발전된 것이 스크루입니다.

스크루의 발명은 이미 16세기에 이루어졌고, 이것을 배의 추진기로 이용하려고 한 것은 18세기 말부터였습니다.

그러나 사람들은 스크루가 작기 때문에 힘이 없을 것이라고 생각했고, 외륜선이 잘 달려주었기 때문에 스크루에 대해서는 그다지 관심을 갖지 않았습니다.

스크루를 이용한 배를 만든 사람은 1836년 스웨덴의 에릭이 처음입니다. 하지만 에릭의 배는 눈에 띄지 못했고, 영국의 브루넬이 만든 스크루 배가 더 널리 알려졌습니다.

브루넬이 처음으로 스크루를 달아서 만든 배는 3,000톤이나 되는 '그레이트 브리튼 호'입니다.

1845년에 완성된 이 배는 당시에 많이 만들어지

던 목선이 아니고, 철판을 사용한 철선이었습니다.

그레이트 브리튼 호의 철선은 그 이후로 철선시대가 열리는 원인이 되었습니다. 그것은 그레이트 브리튼 호가 항해 도중 폭풍우를 만나 암초에 부딪친 일이 있었지만 부서지지 않았기 때문입니다.

또 그레이트 브리튼 호는 대서양을 14일 21시간

<스크루 프로펠러의 발달과정>

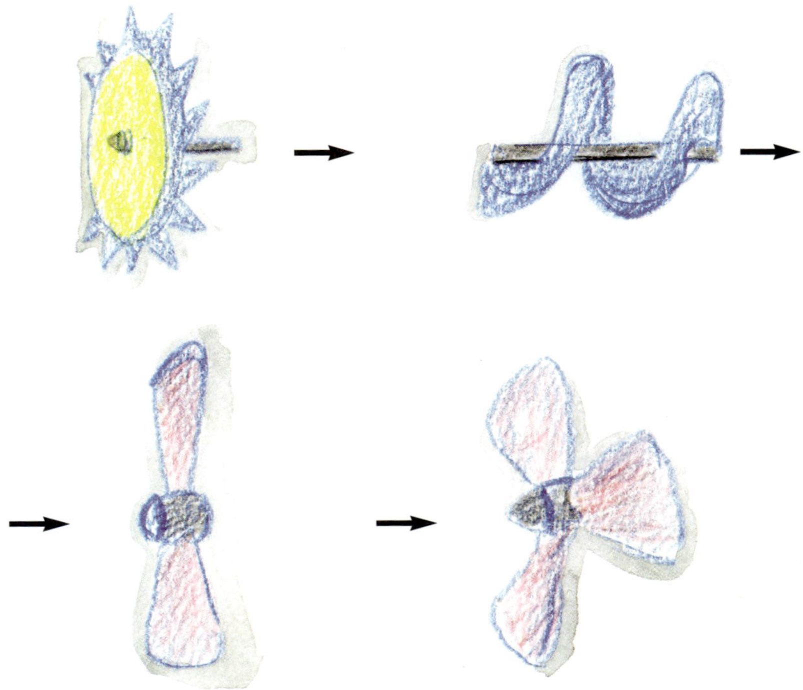

걸려 달렸습니다.

이 사실로 바다에서는 외차보다는 스크루가 더 빠른 속력을 낸다는 것이 밝혀졌습니다.

하지만 이런 사실에도 불구하고 사람들은 배 뒤쪽에 달린 조그마한 스크루가 외륜선보다 빨리 달린다는 것을 믿으려고 하지 않았습니다.

따라서 영국 해군에서는 1845년 외륜식과 스크루

식을 단 2척의 배를 이용하여 끌어당기는 힘의 경주를 했습니다.

그 결과 스크루를 단 배가 훨씬 빨랐습니다. 그 이후로 영국 해군의 군함은 모두 다 스크루식을 사용하도록 결정하였습니다.

이와 같이 약 100년 동안 계속되어 온 증기선의 외차는 스크루로 바뀌고, 몇 천년 동안 목선이었던 배는 철선으로 바뀌는 배의 혁명을 맞이하게 되었습니다.

터빈과 디젤엔진

증기선은 18세기 이후 차차 개량되어 더 좋은 것으로 발달하였습니다. 그러다가 19세기 말 영국의 파아선서라는 사람은 증기의 힘으로 날개 바퀴를 돌리는 증기 터빈 기관을 만들어냈습니다.

터빈이란 고압 수증기나 가스로 추진축에 달린 깃을 돌리는 추진 장치입니다.

파아선서의 증기 기관은 그 때까지의 피스톤식 증

기 기관보다 크기가 작으면서도 힘이 셌기 때문에 배의 크기도 작았습니다. 또 운전하는 데에도 쉬웠기 때문에 대부분의 큰 배들은 곧바로 터빈 엔진을 사용하였습니다.

1897년 터빈 기관을 장치한 최초의 배는 '터어비니 호'로 이 배는 포오트머트 앞바다에서 34.5노트로 달려 사람들을 깜짝 놀라게 했습니다.

터빈 기관은 증기 기관보다 작으면서도 힘이 세었기 때문에 여러 가지 면에서 매우 경제적이었습니다.

파아선서의 터빈 기관의 대표적인 것은 1907년 완성한 영국의 호화 여객선 모레타니아 호와 루시타니아 호입니다.

이 배들은 당시 세계에서 가장 크고 화려한 여객선이었습니다.

모리타니아 호는 1909년에 26.06노트라는 속도를 기록했는데, 이 기록은 그 뒤 20여 년 동안이나 지속되었습니다.

그 다음 '유럽 호'와 '브레멘 호'가 속도를 서로 겨루며 뒤쫓았고, 다음에는 프랑스의 '노르망디

호'와 큐너스 회사의 '퀸 메리 호'가 최고 속도를 기록하였습니다.

특히 노르망디 호와 퀸 메리 호는 배의 디자인과 쾌적함까지 갖춘 훌륭한 배였습니다.

퀸 메리 호는 1938년에 31.69노트의 속도를 기록하였습니다.

그러나 1952년 '유나이티드 스테이츠'호가 35노트 이상의 속도로 기록을 갱신하였습니다.

유나이티드 스테이츠 호는 세계에서 가장 빠른 배로, 최고 속도로 41.75노트까지 낼 수 있었습니다.

이처럼 증기 엔진과 터빈 엔진이 경쟁하던 무렵, 대서양에서는 가장 큰 피해를 낸 사고가 있었습니다.

'타이타닉 호'는 당시로는 세계에서 가장 큰 배였으며 호화스러움과 사치스러움에서도 세계 최고였습니다.

배를 만든 기술자들과 선주들은 입을 모아 타이타닉 호는 어떤 파도와 풍랑에도 결코 침몰되지 않는 배라고 주장했습니다.

1912년 타이타닉 호는 예행 연습을 한 뒤, 속도에

서도 세계 신기록을 내기 위해 대서양 횡단 처녀항해를 떠났습니다.

이 배는 널리 선전이 되었기 때문에 손님이 많이 몰려 2,206명이나 탔습니다.

그러나 이 튼튼하고 커다란 타이타닉 호는 그만 커다란 빙산과 충돌하고 말았습니다. 1912년 4월 14일의 일이었습니다.

이 충돌로 타이타닉 호는 선체가 길게 깨어져, 3시간 동안에 걸쳐 바다 속으로 침몰하고 말았습니다.

이 사고로 약 1,500여 명의 승객들이 그대로 물에 빠져 죽었습니다. 구명 보트가 부족했을 뿐만 아니라, 긴급 피난 훈련을 받지 않았기 때문입니다.

이 사건은 바다에서 일어난 가장 큰 대형사고였습니다. 이후로는 배마다 구명보트를 충분히 갖추었으며, 또한 승객들은 미리 긴급 피난 훈련을 받는 등 안전성을 높이는 기준이 세워졌습니다.

증기 기관의 엔진이 터빈 엔진으로 등장하자 여러 곳에서는 잇따라 터빈 엔진을 사용하게 되었습니다.

증기 기관이 발명되고 그것이 여러 나라에서 이용되자, 많은 사람들은 증기 기관을 신이 준 선물이라고까지 생각하였습니다.

그러나 또 한편에서는 석탄을 태우고 그 증기로 움직이는 증기선을 무조건 좋게만 생각하지는 않았습니다. 왜냐하면 석탄을 많이 태우는 데도 불구하고 그 증기를 에너지로 이용하는 양은 아주 적었기 때문입니다.

즉 증기 기관이 석탄을 태울 때 생기는 열량을 100퍼센트라고 하면 그 가운데서 7퍼센트나 10퍼센트 저온의 열량만 이용할 수 있었습니다. 그러므로 93퍼센트나 90퍼센트 정도의 많은 열은 공중으로 사라져 버리는 것입니다.

또한 증기선에는 항상 증기를 만드는 큰 솥이 달

려 있어야만 했습니다. 그래서 그 솥이 놓일 자리가 필요했기 때문에 배는 항상 커야만 했습니다.

대학에서 증기 기관을 공부하던 루돌프 디젤은 이러한 문제를 해결할 방법으로 증기 기관이 아닌 다른 기관을 만들 것을 결심했습니다.

대학 졸업 후에도 계속 또 다른 기관에 대해 생각하던 디젤은 얼음 얼리는 제빙 공장에서 일하던 도중에 엔진에 대한 아이디어가 떠올랐습니다.

디젤은 아이디어가 떠오르자 한 독일 공장의 후원을 받으며 3번에 걸쳐 실험을 한 뒤 1897년 드디어 새로운 엔진을 완성하였습니다.

이 엔진의 연료는 석탄 대신에 석유를 태워서 사용하는 것이었습니다.

디젤 엔진은 그 때까지 나온 그 어떤 배보다도 훨씬 놀라운 것이었습니다.

왜냐하면 석유는 석탄에 비해 거의 모든 점이 편리했기 때문입니다.

석유는 액체로 되어 있기 때문에 파이프와 펌프만 있으면 많은 힘을 들이지 않고도 배에 쉽게 실을 수 있었습니다. 그리고 연기와 그을음이 적고 석탄

보다 열량이 많았습니다.

석유는 연소하여 생긴 열량의 26퍼센트 정도를 이용하였는데, 이것은 석탄의 경우보다 3배나 많은 열을 이용할 수 있는 것입니다.

그렇기 때문에 같은 양의 연료를 싣더라도 석유쪽이 훨씬 오래 항해할 수 있었습니다.

디젤 엔진이 등장하고 난 뒤 오늘날에는 석탄을 연료로 하는 증기선이 거의 보이지 않습니다.

오늘날의 대형선은 거의가 석유를 연료로 하는 터빈식 엔진이거나, 디젤 엔진이 대부분입니다.

디젤의 발명품인 새로운 엔진은 그의 이름을 영원히 기념하기 위해 디젤 엔진이라고 부르게 되었습니다.

원자력선

디젤 기관이 발명된 뒤 약 50여 년 간,배의 추진 장치는 계속 놀랄만큼 개량되고 발전하였습니다.

원자력선이라고 하면 이제까지의 배와는 매우 다

른 구조일 것이라고 생각이 들 것입니다. 그러나 사실 원자력선은 소형의 원자로에서 물을 데워 증기를 만든 다음 터빈을 돌리는 증기 터빈선입니다. 따라서 원자력 엔진선은 증기터빈 엔진을 그대로 사용할 수 있었습니다.

오늘날에는 원자로를 배의 동력으로 하는 원자력선도 연구, 발달되고 있습니다.

원자력은 한 번 연료를 넣으면 몇년 동안은 연료가 필요하지 않습니다. 그렇기 때문에 오랫동안의 긴 항해에 아주 좋습니다. 또한 연료를 사용할 때 산소를 필요로 하지도 않으므로 물 속으로 잠수하기에 적당합니다.

그러나 원자로를 만드는 비용이나 우라늄 등의 연료비가 엄청나게 비싸기 때문에, 보통의 배에는 거의 쓰이지 못하고 잠수함에만 사용되고 있습니다.

세계 최초의 원자력선은 1954년에 완성되어 운항한 미국의 잠수함 '노틸러스 호'입니다. 그리고 본격적인 원자력선으로는 소련의 '레닌 호'가 최초의 것으로 손꼽힙니다.

1959년에 완성된 이 160,000톤의 쇄빙선(얼어붙은 강이나 바다의 얼음을 깨뜨려 부수고 뱃길을 내는 배)은 두께 2.4미터의 얼음 바다를 약 24노트의 속력으로 달립니다.

최초의 원자력 상선으로는 21,800톤의 '사반나 호'가 있습니다.

이 배는 60명의 사람과 만톤의 화물을 싣고 20노트의 속력으로 달립니다.

원자력선은 그 후 서독, 영국, 프랑스, 노르웨이, 일본 등에서도 계속 연구되고 있습니다.

이제 미래의 배는 조선 기술과 컴퓨터 등의 발달로 운전의 자동화가 이루어져 적은 승무원으로 큰 배를 운행할 수 있게 될 것입니다. 또한 유도 전파나 항공 위성을 이용하여 정해진 항로를 안전하게 운행할 수 있게 될 것입니다.

그러나 배의 장점은 속도가 빠른 데에 있는 것이 아니라 많은 양의 화물을 안전하게 운반하는 데에 있기 때문에 속도의 발달은 크게 달라지지 않을 것입니다. 빠르게 운반하려면 아무리 빠른 배일지라도 비행기의 속도를 따라갈 수 없기 때문입니다.

배는 어떻게 해서 뜰까요?

배가 뜨는 이유는 무엇일까요?

쇠로 된 세수대야를 물 위에 가만히 놓으면 그것은 물 위에 뜹니다.

여러분이 만약 세수대야의 가장자리를 두 손으로 눌러 수평인 채로 가라앉히려고 한다면 생각보다 큰 힘이 필요하다는 것을 알게 될 것입니다.

이것은 세수대야를 뜨게 하려는 힘이 작용하고 있기 때문입니다. 이것을 부력이라고 합니다.

이번에는 세수대야를 가라앉히려는 때의 물의 높이가 되도록 세수대야에 물을 부어봅시다. 그 물의 무게는 처음 팔과 손에 준 힘과 그 무게가 똑같습니다.

이와같이 부력의 크기는 물 속에 들어가 있는 물체(세수대야의 담긴 부분)가 밀어낸 물의 무게와 같다는 것을 알 수 있습니다.

그러나 쇠로 된 세수대야는 그것을 밀어낸 물의 무게보다 훨씬 가볍기 때문에, 부력이 더 커서 대야는 물 위에 뜨는 것입니다.

배는 강철로 되어 있어서 상당히 무겁기는 하지만 세수대야가 뜨는 이치와 같습니다.

쇠로 된 배를 만들자고 맨 처음에 주장한 과학자들은 사람들의 웃음거리가 되었습니다.

그러나 아르키메데스는 이미 약 2000년 전에 '부력의 원리'를 발견했습니다. 아르키메데스는 어느 날 물이 가득찬 목욕탕 속으로 들어갔을 때, 탕 밖으로 흘러 넘친 물의 양은 물 속에 들어간 자신의 몸의 무게와 같다는 것을 알아냈습니다.

또한 아르키메데스는 물 속에 있는 물체 때문에 넘치는 물의 무게는 그와 똑같은 힘이 부력으로서 물체에 작용한다는 것을 밝혔습니다.

만일 물체의 비중(크기에 관련된 무게의 단위)이 물의 비중보다 무거우면 가라앉습니다. 이럴 때는

〈1〉

세수대야의 가장자리를 눌러서 가라앉혀 보자.

〈2〉

세수대야에 물을 부어서 1의 세수대야가 잠긴 높이와 같게 해보자. 1에서 준 손의 힘과 2 대야의 물의 힘은 크기가 같다.

위로 향하는 힘인 부력이 아래로 향하는 힘인 물체의 무게보다 작기 때문입니다.

그러나 물체의 비중이 물의 비중보다 작으면 물체는 뜹니다. 왜냐하면 넘치는 물의 무게는 떠 있는 물체의 무게와 같다는, 부력의 원리가 적용되기 때

문입니다.

배 안에는 공간이 많으므로 배 전체의 무게보다, 물 속에 들어가 있는 부분의 부피의 부력이 더 크기 때문에 배는 뜨는 것입니다.

여러분이 만약 찰흙 덩어리로 물 표면에 놓는다면 그 찰흙은 곧바로 물 속에 잠길 것입니다. 그렇지만 같은 무게의 찰흙이라도 배 모양으로 만들어 물 위에 띄우면 찰흙배는 둥실 뜹니다. 찰흙의 무게에는 변함이 없지만, 모양이 변한 물체의 크기가 찰흙덩어리보다 크기 때문입니다. 따라서 비중이 작아졌기 때문이지요.

이런 이유로 많은 화물과 무거운 엔진을 실어도 배는 가라앉지 않는 것입니다.

배에 있어서 또 하나의 중요한 요소는 배의 안정성입니다.

배는 물에 떠서 항상 흔들립니다. 옆에서 큰 물결이 오면 크게 흔들려서 한쪽으로 기울어지기는 하지만, 곧바로 오뚝이처럼 중심을 잡습니다. 이것을 복원력이라고 합니다.

배는 한쪽으로 기울었을 때 아래로 향해 작용하는

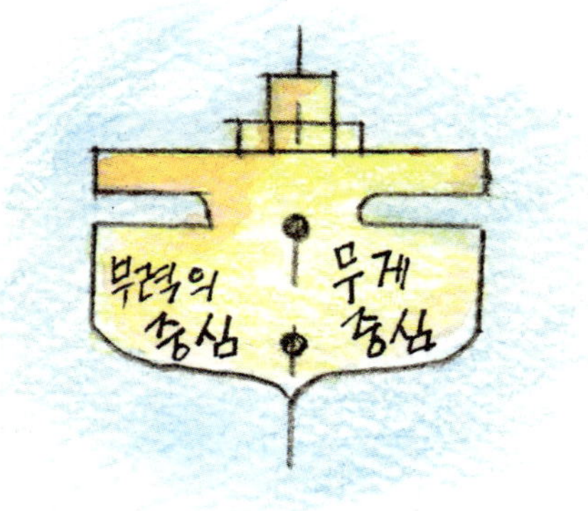

배의 안정

배가 수평으로 떠있을때는 무게중심과 부력의 중심이 같은 선 위에 있다

배가 약간 기울면 무게 중심은 바뀌지 않으나 부력의 중심이 바뀌어 배를 제자리로 되돌리려는 힘이 커지므로 배는 안정 해진다

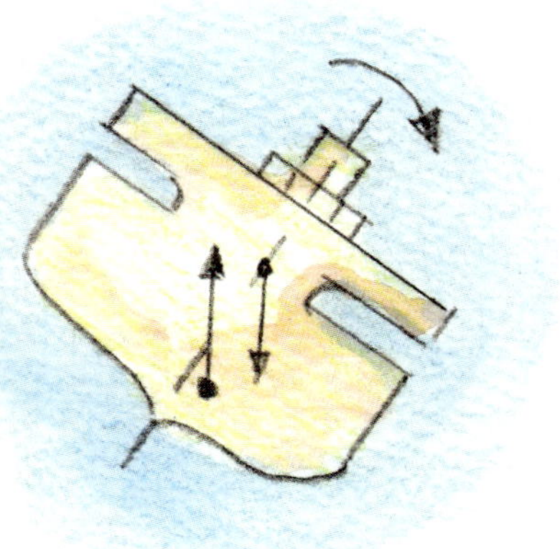

배가 더욱 기울면 무게 중심과 부력의 중심의 위치가 바뀌어 배는 뒤집힌다.

중력과 위로 향해 작용하는 부력의 상호 작용에 의해 복원력이 생기도록 설계되어 있습니다.

배에는 부력과 지구의 중력이 같이 작용하고 있습니다.

배가 수평으로 떠 있을 때에는 부력과 중력의 균형이 잡혀 있을 때입니다.

배가 조금 기울면 부력의 크기가 변하지만 중력은 변하지 않습니다.

부력의 중심을 부심이라고 합니다. 이것은 배가 기우는 동시에 배가 기울어진 쪽으로 옮겨집니다. 부심과 배의 중심선이 엇갈린 점을 메타 센터라고 합니다.

메타 센터가 배의 중심보다 위에 있으면 부력과 중력이 배를 수평으로 돌려 놓으려고 합니다.

메타 센터가 중심보다 아래에 있으면 복원력이 없어져서 배는 뒤집어지고 맙니다. 이것을 막기 위해서 배의 중심을 낮게 하고 메타 센터를 높게 합니다.

그러나 아무리 복원력이 높더라도 배가 흔들리면 타는 사람은 그다지 즐겁지 않습니다.

배멀미를 할 수도 있고, 쌓여 있는 화물이 무너져서 배의 침몰의 원인이 되기 때문입니다. 그런 것을 방지하기 위해 어떤 배들은 탱크에 물을 넣어 배의 양쪽 갑판에 놓아 두고 배가 흔들릴 때마다 물이 양쪽 탱크 사이를 이동하게 하여 배의 흔들림을 막기도 합니다.

퀸 엘리자베스 2세 호나 카페리 등에서는 배가 흔들릴 때마다 날개 같은 것을 물 속에 펴서 흔들림을 막기도 합니다.

배의 구조

배는 최초의 통나무 배로부터 시작하여 눈부신 발달을 하였습니다.

통나무 배나 뗏목에는 겨우 두서너 명이 쪼그리고 앉았었지만, 요즈음의 배에는 온갖 문화시설이 다 갖추어져 있습니다. 특히 승객용의 객실은 훌륭하고 안락하게 꾸며져 있어서 마치 좋은 호텔과 같은 시설을 한 호화 여객선도 있습니다.

이러한 훌륭한 배들의 구조는 어떻게 되었을까요?

먼저 배 밑을 이루는 선저의 중심에는 사람의 등뼈에 해당되는 용골(배 바닥의 중앙을 머리에서 꼬리까지 뻗어 배를 버티게 하는 것)이 있습니다.

거기에서 좌우로 늑골이 나와 윗부분의 좌우에서

연결하는 들보가 있습니다.

또 늑골은 앞뒤에도 이어져 있습니다. 이 늑골 위에는 외판(선체의 늑골 바깥쪽을 덮어서 부력을 갖게 하는 판)을 붙이고 안에 기관을 넣고 뒤쪽에 프로펠러축과 프로펠러를 나오게 하여 외판과의 사이를 막으면 배의 기본형이 됩니다.

배의 몸체에는 앞뒤 방향이 여러 부분으로 나누어져 있고 거기에는 지수벽이 있습니다.

이 벽은 한 구역에 물이 들어와도 다른 구역에는 물이 옮겨지지 못하도록 하는 역할을 합니다.

기관은 배의 중앙부가 아니면 배의 끝부분에 두고 거기에서 프로펠러까지 동력을 전달하는 축이 뻗어 있습니다.

기관실의 앞뒤에는 화물창고와 기름 탱크 등이 있으며 화물 창고가 2단 3단으로 나누어져 있기도 합니다.

손님을 태우는 객선에서는 손님의 방과 식당 등이 있습니다.

갑판에는 승강구가 있어서 여기로 화물을 넣거나 꺼내기도 합니다. 유조선에는 석유를 넣고 빼는 입

구가 따로 있습니다.

배의 중앙부나 꼬리쪽에는 상부구조물이 있습니다.

이 상부구조물에는 객실이나 선원실이 있는데, 객실은 아름답고 훌륭하게 꾸며져 있습니다. 그리고 요즈음에는 선원실도 냉난방 설비가 잘 되어 있어서 편히 쉴 수가 있습니다.

배의 제일 앞쪽에는 선교가 있는데, 여기에 조타

실이 있고 여기에서 배를 조종합니다.

발동을 걸거나 멈추거나, 또는 키를 움직이는 설비 등의 여러 가지 시설이 모두 갖추어져 있습니다. 이 곳에서 배의 모든 일을 관장합니다.

선교의 뒤쪽에는 기관에서 끌어낸 배기용의 굴뚝이 있고, 양쪽에는 구명보트가 실려 있습니다.

굴뚝에는 여러 가지 모양이 있으며 색깔도 매우 다양합니다. 배의 굴뚝은 석유를 태운 연기를 내보내고, 배 안의 공기를 조절하기 위한 것입니다.

그러나 배의 모양을 아름답게 보이게 하기 위해 모양으로만 갖춘 굴뚝도 있습니다.

구명 보트는 배에 사고가 생겨서 승객과 선원이 위험에 처할 때, 구명 보트에 옮겨 타서 피난을 하는 구급용 배입니다. 그러므로 구명보트는 평소에 잘 정비되어 있습니다.

또한 배에는 무선실이 따로 있습니다. 무선은 육상과 연락을 하는 데에도 쓰이지만 바다 위의 다른 배와도 연락하기 위해 매우 중요한 역할을 합니다. 안전한 항해를 위해 배의 위치를 확인하거나, 일기 예보를 전달받습니다. 일기 예보를 받아 태풍을 피

할 수 있는 것도 모두 무선 통신의 역할 뿐입니다.

보트에는 식량과 물 무전기 등이 실려 있습니다.

상부구조물의 앞뒤에는 화물을 싣고 부리는 기중기가 있습니다. 화물을 넣는 곳은 해치라고 합니다.

돛대 위에는 레이더와 안테나가 장치되어 있습니다.

뱃머리에는 닻이 있어서 정지할 때는 이 닻을 물밑바닥에 내려 배가 떠내려가지 않도록 합니다. 그리고 항구를 떠날 때는 닻을 끌어올립니다.

배의 제일 끝부분에는 키가 있습니다. 이것으로는 배의 방향을 잡습니다.

배는 어떻게 나아갈까요?

우리는 땅 위를 달릴 때 거칠 것 없이 앞을 향해 잘 달립니다.

자동차나 비행기도 땅 위에서나 하늘에서 별 어려움 없이 앞을 향해 잘 달리는 것처럼 보입니다.

그러나 이처럼 눈에는 잘 나아가는 듯이 보이지만, 자동차나 비행기가 앞으로 나아갈 때는 그것들이 앞으로 나아가지 못하도록 반대로 밀어내려는 공기의 힘을 받습니다. 이것을 '저항'이라고 합니다.

땅 위에서처럼 물 속에서도 저항이라는 것이 있습니다.

사실 물은 공기보다 저항이 훨씬 큽니다.

물은 공기의 800배 이상 되는 밀도를 가지고 있

습니다. 그래서 공기에 비하여 물 속에서는 800배 이상의 저항을 받게 됩니다.

그렇기 때문에 우리는 물 속에서 뛰는 것은 물론이고 걷는 것조차 몹시 힘이 드는 것입니다. 그러므로 배가 계속 발전해왔고, 교통 기관 중에서 그 역사도 가장 긴데도 불구하고 배는 빠른 속력을 낼 수가 없는 것입니다.

배의 저항에는 마찰 저항과 조파 저항이라는 것이 있습니다.

마찰 저항은 배와 바닷물 사이에 마찰로 생기는 것으로 배가 빨리 달릴수록 상대적으로 마찰 저항은 커집니다.

이 마찰 저항을 조금이라도 작게 하기 위해 배에 페인트 칠을 합니다.

또한 물 속에 잠겨있는 배의 아랫부분에는 해초와 조개들이 붙어서 마찰 저항이 커지게 되므로 가끔씩 물 속에 들어가서 배의 표면을 깨끗이 손질합니다.

두 번째 마찰 저항을 줄이기 위한 방법으로 수중익선이라는 것이 있습니다.

이것은 물 속 날개라는 뜻으로 배의 몸체를 물위로 들어올려서 앞으로 나아가는 배입니다.

그런데 배가 앞으로 나아갈 때는 물결이 생깁니다.

이 물결도 저항을 크게 하는 원인인데 이것이 조파 저항입니다.

연구 결과에 의하면 배가 수면 아래쪽에 잠겨 있

는 부분에서 받는 물의 마찰 저항과, 뱃머리에 부딪히는 물결의 조파 저항은 거의 같다고 합니다.

우리는 흔히 '흰 물결을 일으키며 용감하게 나아가는 배'라고 합니다. 그렇지만 이러한 배는 설계가 좋지 않아서 조파 저항이 큰 배입니다. 물결을 일으키지 않고 빨리 달리는 배일수록 좋은 배입니다.

조파 저항을 적게 하려면 배의 몸체를 길다랗게 하는 방법이 있습니다. 그러나 배의 강도에 한계가 있기 때문에 배의 길이를 무작정 길게 할 수는 없습니다. 큰 파도가 일면 배는 두 동강이가 될 수 있기 때문이지요.

많은 연구 끝에 설계자들은 뱃머리를 둥글게 하여 큰 공을 단 것처럼 만들어보았습니다. 그랬더니 조파 저항이 많이 줄어들게 되었습니다.

조파 저항을 없애는 또 하나의 방법은 배를 바닷속에 잠기게 해서 달리는 방법입니다. 이 방법은 오래전부터 사용되었는데 잠수함이 그러한 것입니다.

그러나 잠수함은 전쟁을 하기 위한 배일 뿐이고

상선으로는 아직 사용되지 않고 있습니다.

그것은 보통 엔진으로는 연료를 태우는데 산소가 필요하므로 오랜 시간 물 속에 잠겨 있을 수 없다는 것과, 떠오르거나 가라앉는 장치에 배의 많은 공간을 빼앗기기 때문입니다.

배를 앞으로 나아가게 하는 힘

배를 앞으로 나아가게 하는 힘을 추진력이라고 합니다.

옛날의 배는 그 크기가 매우 작았으므로 사람이 노를 젓는 것만으로도 앞으로 잘 나아갔습니다. 이것은 노를 젓는 사람의 힘을 추진력으로 바꾸는 것입니다.

그러나 몇 만톤이나 되는 쇠로 만든 큰 배는 인간의 힘만으로는 도저히 움직이지 못합니다.

그래서 현대의 배는 보트나 요트 외에는 전부 엔진의 힘으로 나아갑니다.

요즈음의 엔진은 디젤 엔진이거나 증기 터빈, 가

스 터빈이 대부분입니다.

소형이나 중형의 배에는 거의가 디젤 엔진이나 증기 터빈을 사용합니다.

가스 터빈은 엔진의 값이 매우 비싸기 때문에 대형선이나 군함에서 주로 사용합니다.

디젤이 처음 엔진을 만들었을 때는 10~20마력 정도의 기능이 고작이었으나, 지금은 3만 마력의 기능을 가진 것도 있습니다.

엔진이 있는 곳을 기관실이라고 합니다.

엔진이 돌아가기 시작하면 그 힘이 프로펠러를 돌려서 배는 움직이게 됩니다.

증기 터빈은 배가 떠나기 몇 시간 전부터 보일러에서 압력과 온도가 높은 증기를 만들어 두어야 합니다. 그러나 디젤 엔진은 떠나기 직전에 엔진을 돌리면 되기 때문에 훨씬 편리합니다. 또한 연료도 매우 싸서 앞으로는 디젤 엔진이 주로 사용될 것입니다.

배의 크기와 엔진의 수에 따라 프로펠러는 하나짜리도 있고 두 개 짜리도 있습니다. 그러나 3만~4만톤의 대형 여객선에는 4개의 프로펠러를 가진 것도 있습니다.

프로펠러가 돌기 시작하면 날개가 뒤로 물을 밀어내고 그 반동으로 배는 앞으로 나아가게 됩니다. 뒤로 후진할 때는 프로펠러의 회전을 반대로 합니다.

프로펠러를 반대로 돌리는 일은 기계의 구조가 복잡하기 때문에 때로는 충돌할 위험에 빠지기도 합니다. 요즈음은 날개의 각도를 바꿀 수 있는 피치 프로펠러라는 것이 개발되었습니다.

이것은 엔진의 톱니바퀴는 그대로 돌아가면서 날개의 각도만 바뀌어지므로 앞뒤, 좌우로 자유롭게 움직일 수 있어서 편리합니다.

배를 나아가게 하는데 또 하나 필요한 것이 있습니다. 그것은 방향을 바꿀 수 있는 키입니다.

옛날의 범선은 타륜(배의 키를 조종하는 손잡이가 달린 바퀴)을 돌려서 움직였지만 요즈음의 배는 작은 타륜을 조금만 돌리면 자동적으로 키가 움직이도록 되어 있습니다.

뱃길과 항구

뱃길이란 무엇일까요?

넓은 바다를 지나는 배를 보면 참 신기하게 여겨집니다. 그것은 배가 망망한 바다를 지나 보이지도 않는 나라나 섬을 잘 찾아서 가기 때문이지요.

넓기만 한 바다, 그 곳은 너무 넓어서 당장이라도 바다를 표류할 것만 같습니다. 하지만 그처럼 아무것도 보이지 않는 바다에도 배들이 지나는 뱃길이 있다니 참 놀라운 일이지요.

바다에 뱃길이 있어서 좋은 이유로는 무엇이 있을까요?

바다는 우리들이 상상할 수 없을만큼 무척 넓습니다. 그 넓이는 지구 전 표면적의 70퍼센트를 차지

할 정도입니다. 이렇게 넓은 바다이기 때문에 어떤 곳은 암초가 많이 있는 곳이 있고 또 어느 곳은 소용돌이가 심한 곳도 있습니다.

뱃길은 그런 위험한 곳을 모두 피해 갈 수 있는 길이지요.

두 번째로는, 우리는 산에서 사람을 잃으면 찾기

가 무척 어렵습니다. 그런데 만약 넓은 바다에서 작은 배가 조난이라도 당한다면 그 배는 그 누구의 도움도 받지 못하게 될 것입니다.

그러나 배들이 많이 다니는 길이라면 무선으로 구원 요청을 할 수 있고, 그 곳을 지나는 배라면 즉시 그 조난당한 배에 도움을 줄 수 있습니다.

그런데 이러한 뱃길은 바다에 전혀 표시도 없는데 사람들은 어떻게 알고 가는 걸까요?

그러나 북극성으로 방향을 찾기 전의 옛사람들은 오랜 동안의 경험으로 자신들이 나아갈 방향을 찾을 수 있었습니다.

예를 들면 구름이 멀리 보이면 그 밑에 반드시 육지가 있을 것이라는 사실을 알 수 있었습니다.

또한 어떤 때에는 바다의 깊이를 재는 실이나 끈, 장대 같은 항해 보조 수단을 써 보기도 하였습니다.

새를 데리고 다니는 것도 이들 방법 가운데 하나였습니다.

왜냐하면 바다에 새를 놓아두면 새는 똑바로 가장 가까운 육지를 향해 날아갑니다. 그리고는 육지가

발견되지 않으면 다시 배로 돌아오는 것입니다.

다음으로 태양을 이용하였습니다.

태양은 항상 동쪽에서 올라와 서쪽으로 가라앉으므로 다른 방향은 수평선으로부터의 태양의 높이로 대강 측정할 수 있기 때문입니다.

태양이 없는 밤에는 별자리를 따라 방향을 잡았습니다.

밤 하늘에 있는 별들은 계절에 따라 별 자리의 위치가 다릅니다. 하지만 북극성이란 별은 1년 내내 같은 자리에 있기 때문에 뱃사람들은 그 북극성을 보며 뱃길을 찾았습니다.

고대 그리이스인들은 북극성을 바라보며 바다로 나갔습니다. 그러나 아무리 용감한 그리이스 선원들이라 해도 날씨가 흐린 날에는 항해를 하지 못했습니다. 그도 그럴 것이 멀리 육지도 보이지 않을 뿐더러 북극성도 찾을 수 없었기 때문이지요.

그러므로 그리이스인들은 겨우 지중해를 맴도는 정도로 만족해야만 했습니다.

옛날의 뱃사람들은, 밤의 항해를 위해서는 별을 지표로 삼았습니다.

그들은 북극성이 항상 정북쪽 하늘에서 빛나고 있는 것을 알았습니다. 그리고 큰곰자리가 북극성둘레를 돈다는 것과, 나일강의 삼각주에서 보면 북극성의 위치는 가장 낮아져서 수평선 가까이에 보인다는 사실도 알았습니다.

그러나 그들이 북쪽으로 가면 갈수록 북극성은 더 높게 보였습니다.

그 모든 사실로 미루어, 그들은 별의 높이를 재어서 자기들이 얼마나 북쪽에 또는 남쪽에 있는가를 알았습니다.

그래서 만약 동쪽 또는 서쪽으로 가는 일정한 뱃길 코스를 가기 위해서는 항상 별의 높이를 일정하게 하여 나아가면 된다는 것을 알았습니다.

그러나 먼 바다를 항해한 15세기 말에 콜룸부스와 마젤란은 육지나 별이 없이도 남북의 방향을 알 수 있었습니다. 그것은 날씨에 관계없이 언제 어디서나 남북의 방향을 알아낼 수 있는 나침반 덕택이었습니다.

나침반은 자석의 바늘로 남북을 가리키게 만든 간단한 도구입니다. 그러나 나침반은 세계의 역사를 바꾸어 놓은 '지리상의 대발견' 이라는 위대한 업적을 가능하게 한 주인공입니다

그런데 이러한 나침반은 누가 처음 만들었을까요?

1119년 경에 쓰인 중국의 '평주가담' 이라는 책에

는 '선장은 지리에 밝으며 밤에는 별을 보고 낮에는 해를 보면서 항해하였고, 별이 보이지 않는 어두운 밤에는 지남철을 써서 방향을 안다'고 적혀 있습니다.

그리고 이보다 앞서 1050년 경의 기록에는 '자석의 바늘이 남북을 가리킨다'라는 이야기가 나옵니다

이러한 이유로 나침반은 중국에서 처음 발명되었다고 사람들은 믿고 있습니다. 그렇지만 중국의 누가 언제 어떻게 하여 나침반을 발명하였는지는 알려진 것이 전혀 없습니다.

현재의 '자기 나침반'은 이탈리아 사람 조야가 만든 것입니다.

그리고 보다 방향을 정확하게 가리키는 '자이로나침반'이 고안된 것은 1906년 독일의 안쉬츠에 의해서였습니다.

이 나침반은 빠른 속도로 회전하는 작은 통 속에 추를 맨 것입니다.

지구 자전의 영향을 받으면 자이로의 축이 저절로 지구의 자전축인 남북 방향을 정확히 가리킵니다.

이 자이로 나침반은 20세기에 들어서서 전 세계에 널리 보급되어 이용되고 있습니다.

한편 오늘날의 선원들은 별이나 태양의 높이를 알기 위해서 '육분의'를 사용합니다. 그러나 옛날의 선원은 아마도 팔을 쭉 내뻗어 별의 높이를 재었을 것입니다.

고대의 천문학자 프톨레마이오스는 지구의 지도를 처음으로 경도와 위도로 나누었습니다.

위도는 지구 둘레를 적도와 평행하게 돌고 있습니

다. 그러나 경도는 남북으로 달려 극점을 지납니다.

선원은 자신들이 있는 위치를 적도로부터 북쪽이나 서쪽으로 경도 몇도라는 방식으로 위치를 정확하게 나타낼 수 있었습니다.

하지만 태양이나 별을 보아도 경도를 알 수 있는 방법이 없고 흐린 날에는 아무것도 알 수 없게 되어버립니다.

18세기에 천문 항해용의 정밀한 시계인 '크로노미터'가 발명될 때에야 경도의 문제는 해결되었습니다.

그리고 위도는 콤파스가 발명될 때까지 기다려야만 했습니다.

하지만 옛 선원들은 경험에 의한 추측으로 배의 위치, 배의 속도, 항해한 거리를 알아내었습니다.

17세기에 들어 배의 속력이나 항해 거리를 재는 기계인 '측정기'가 발명되었습니다.

이 측정기는 똑같은 간격으로 매듭이 지어진 끈 끝에 나무조각을 붙들어 맨 장치입니다. 이것을 나무조각과 함께 배 밖으로 던져서 모래시계로 1분

동안 풀려나가는 매듭의 수를 세었습니다.

하나의 매듭은 1시간에 나간 배의 속도를 가리킵니다.

만약 약 1분 동안에 매듭이 다섯 개 풀려나가면 그 배는 5노트로 나가고 있는 것을 나타내는 것이지요.

항구

여러분은 항구가 무엇인지 알고 있겠지요? 배가 먼 여행을 마치고 육지로 사람과 물건을 부리기 위해 배를 대는 곳을 항구라고 합니다. 즉 배들의 휴식처라고 할 수 있지요.

항구는 항해를 마치는 곳이기도 하지만 또한 항해를 시작하는 곳이기도 합니다.

배가 항해를 시작하거나 마치기 위해서 항구에는 몇 가지의 시설이 있습니다

수역, 외곽 시설, 계류 시설, 임항 교통 등이 그것입니다. 이것들을 기본 시설이라고 하는데, 이 중

에서 한 가지만 없어도 완전한 항구라고 할 수 없답니다.

수역이라는 것은 항로와 박지를 말합니다.

큰 외항선이 항구에 출입하는 항로와 작은 배가 출입하는 항로는 서로 구분이 되어 있습니다.

그리고 항로는 항상 수위가 일정하게 유지되어 있습니다.

만일 그 수위가 일정하지 않으면 화물을 싣고 내리기가 불가능해지기 때문입니다.

밀물과 썰물 때인 만조와 간조의 수위 차가 2.7미터 이상 되는 경우에는 그 간만의 차를 최대한으로 줄일 수 있는 작업구역인 도크가 필요합니다.

도크 안의 물은 수문에 의해 바다나 강의 물과 격리됩니다. 이처럼 바다와 이어져 있는 도크를 '조석 도크'라고 합니다.

일반 화물선의 짐을 부리는 일은 매우 어려운 작업입니다.

배가 도착하기 훨씬 전에 미리 도크 관리소에 화물에 대한 일람표가 전달되어 있어야만 합니다.

그 일람표에 의해 도크 관리소에서는 어느 짐을 직접 어느 트럭 어느 철도에 실을 것이며, 아니면 거룻배나 작은 연안 화물선에 실을 것인가를 정하는 것입니다.

깨지기 쉬운 물건은 하역부들의 손으로 직접 다루어야 하지만 대부분의 화물은 그물이나 줄사슬 또는 대를 이용하여 싣거나 부립니다.

대는 나무로 만든 평평한 널판지로, 포 크리프트로 이동할 수 있으며 기중기로 달아올릴 수 있습니다.

관리소에서는 배가 정박할 곳을 미리 정해 두었다가 배가 도착하면 재빨리 정확하게 처리합니다.

일반 화물선의 짐을 부리는 작업은 여러 날이 걸리는 수도 있습니다. 그러나 콘테이너선은 아무리 많은 화물도 대개 48시간 안에 모두 처리합니다.

특별한 화물에 대해서는 특별 전용 부두가 준비되어 있습니다. 그 곳에는 화물의 종류에 따라 전용 저장 설비와 운반 기재가 설비되어 있습니다.

예를 들면 포도주는 펌프를 이용하여 직접 포도주 저장 탱크로 보낼 수 있습니다.

곡물은 파이프를 통해 사일로(둥근 탑 모양의 저장고)에 직접 부어 넣으며, 냉동 고기나 신선한 과일은 밀폐된 콘베이어로 옮길 수 있습니다.

이 밖에도 여러 가지 종류의 저장법과 화물을 취

급하는 장치가 있습니다.

박지라는 것은 항구의 안팎에서 배가 안벽에 닿을 차례를 기다리거나, 바다 위에서 작은 배에 화물을 부리는 수역을 말합니다.

이 곳에는 배가 움직이지 못하도록 쇠사슬로 비끌

어 매는 부이라는 것이 있습니다. 부이는 일정한 간격과 거리를 두고 바다 밑에 고정되어 있습니다.

이러한 시설을 갖춘 박지는 자동차의 주차장과 비슷합니다.

외곽 시설에는 방파제가 있습니다. 이것은 바다의 큰 물결이 들어오지 못하도록 하기 위한 것입니다.

계류 시설인 안벽과 부두와 잔교는 배를 닿게 하는 장소입니다.

임항 교통은 공업지대와 대도시로 이어지는 도로와 자동차 주차장, 부두까지 끌어놓은 철로 등을 말합니다.

이것은 바다와 육지의 접속점이라고 할 수 있습니다.

화물을 다루는 안벽에는 기중기와 창고가 늘어서 있습니다.

이 곳에서는 화물을 창고에 싣거나 부리고, 창고에서는 화물을 분류 및 보관하는 것 외에 트럭이나 철도로 실어낼 수 있도록 하는 시설이 설치되어 있습니다.

항구를 관리하기 위해 항구에는 세관, 수상 경찰

서, 검역소, 출입국 관리 사무소 등이 있습니다.

이 밖에 특별한 항구로는 군항이 있습니다.

우리 나라에서는 진해가 가장 큰 군항입니다. 군함은 이 곳 군항에서 물과 식량과 연료를 보급받습니다.

항구 안에서는 태그 보트, 파일럿 보트, 경비정, 순시정이 항상 움직이고 있습니다.

배의 설계와 현대 항해술

배의 설계

배는 대개가 주문을 받아서 만들어집니다.

배를 만드는 회사는 주문한 사람의 요구인, 배의 속도, 적재 능력, 배의 크기, 엔진의 형태 등을 바탕으로 설계를 시작합니다.

설계도가 완성되면 그에 따른 축소된 모형을 만들어서 배가 바다에서 견디는 힘을 시험합니다.

이 단계에서는 다 만들지 않고도 컴퓨터로 여러가지 시험을 할 수 있습니다.

배는 크고 복잡한 구조일 뿐더러 바다의 온갖 위험한 조건 속에서도 안전해야 하기 때문에 그러한 실험이 필요한 것입니다.

배를 만드는 조선소와 설계 사무소에서는 컴퓨터를 사용하여 작업을 하기 때문에 시간과 재료가 모두 많이 절약됩니다.

컴퓨터는 조선소에서 도면을 만들거나 강철을 자르고, 기계 장치를 조종하는 데에도 쓰입니다.

배의 선체, 특히 물 속에 잠기는 부분은 물의 저항을 최소한으로 줄이기 위해 표면이 매끈해야 합니다. 그렇게 하기 위해 배의 표면에 페인트칠을 하는 것입니다.

화물선은 많은 화물을 싣고 알맞은 속도로 나아갈 수 있도록 큼직하게 만들어야 합니다.

전함이라면 사람이 그 속에서 잘 견딜 수 있고, 빠르며, 알맞은 폿대를 갖추어야 합니다.

현대식의 조선소에는 조립 공장 안에서 선박의 여러 부분을 따로 만들어 냅니다. 이것을 '캔트리'라고 하는 기중기로 조립 공장에서 부분들을 날라 옵니다. 그런 다음에 이 부분들을 공장 안에서 짜맞추어 조립합니다.

배의 선체는 기본적으로 여섯 종류가 있습니다.(그림1 참조)

〈그림 1〉

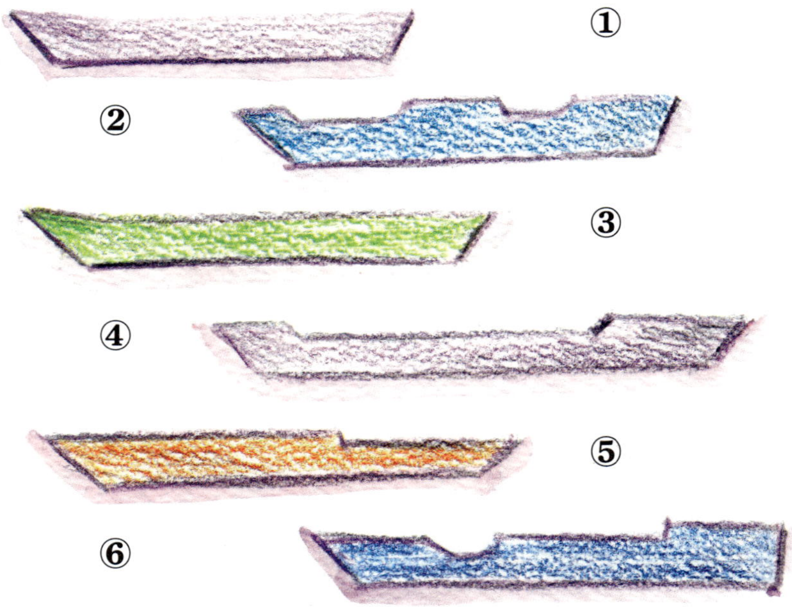

배가 압력을 가장 세게 받는 것은 바다에서 파도를 정면으로 받았을 때입니다. 이 때는 파도의 가장 높은 곳을 가로지르기 때문에 배의 이물과 고물에 받치는 힘이 없어져 선체의 앞부분과 뒷부분이 축 처지게 됩니다.

또 이와 반대로 이물과 고물이 파도의 가장 높은 곳에 있을 때는 배의 중심부가 처지는 듯한 현상이

일어납니다.

배가 물결을 가르며 앞으로 나가는 경우, 첫 번째 파도로 뱃머리가 위로 올라가고 그 다음 파도로 뱃머리는 밑으로 내려갑니다.

이와같은 일은 배의 선체에 매우 큰 압력을 주는 것들입니다.

파도가 배의 옆구리에 닿으면 선체는 좌우로 흔들리게 됩니다. 이러한 현상을 '롤링'이라고 하는데, 배는 저마다 갖는 롤링 주기가 있습니다.

만약 배의 롤링 주기가 파도의 주기와 같게 되면 배는 옆으로 흔들리는 것이 더욱 심해지게 됩니다.

이럴 때 선장은 빨리 배의 방향을 바꾸어 배의 흔들림을 멎게 해야만 합니다.

한편 배의 설계자들은 안정 장치인 '스태빌라이저'(그림 2 참조)를 설치하여 이 흔들림을 적게 했습니다.

그것은 배의 양쪽에 마치 지느러미 모양으로 생긴 것이 내밀어져 있어서 잠수함의 수평타와 흡사해보입니다.

'자이로스코프'로 롤링의 속도와 그 크기를 알아

〈그림 2〉

낸 후 안정장치의 각도를 조정하여 옆으로 흔들리는 것을 적게 합니다.

좀더 단순한 안정 장치는 배의 양 옆면에 각각 하나씩 모두 2개의 물탱크를 설치한 후 거기에 굵은 파이프를 연결한 것입니다.

이 기구는 배가 왼쪽으로 기울 때는 오른쪽의 물탱크로 물이 옮겨져서 옆으로 흔들리는 것이 멎도록 작용합니다.

또 배가 오른쪽으로 기울었을 때는 왼쪽의 탱크로 물이 되돌아와서 수평을 유지하게 합니다.

배는 자동차나 비행기와 달리 앞으로 나아가는데에 저항을 많이 받습니다. 그래서 배의 속도가 빨라진다 해도 그에 따라 큰 파도가 생겨 속도를 방해하기 때문에 에너지만 헛되이 허비하게 됩니다.

배에는 그 용도에 따라 알맞는 속도가 있습니다. 만약 그 속도 이상으로 속력을 내게 되면 엔진은 너무 많은 연료를 사용하게 되어 경제성이 없어지기 때문입니다.

배는 어떻게 만들어질까요?

조선소에서는 배를 만드는 데에 필요한 재료를 가장 현대적인 방법으로 조사하여 만듭니다.

복잡한 모양의 강철판을 자르는 데에는 자동적으로 도면의 선을 좇아가는 화염 절단기가 쓰입니다. 그리고 이런 것들은 자석의 자기 테이프에 의해 조작되어 자동 제도기로 조정됩니다.

배의 설계도의 모든 칫수가 입력되어 있는 컴퓨터는 절단기나 도면을 작성하는 작도펜의 움직임을 조정합니다.

그러나 선체의 곡선을 본뜨기 위해서는 아직도 구식 방법으로 무르고 긴 쇠막대기를 그 본에 따라 구부려서 사용합니다.

완성된 선체의 각 부분은 조립 공장에서 용접한 다음 힘센 기중기로 운반하여 반듯한 위치에 놓습니다. 그리고는 마지막으로 하나의 몸체로 용접시킵니다.

이 방법은 강철판을 하나하나 잘라 쇠못을 박아서 잇는 구식 방법보다 훨씬 시간이 절약됩니다.

또한 이 용접하는 방법은 쇠못을 박는 것보다 훨씬 튼튼합니다.

선체가 완성되면 엔진이나 그 밖의 기계류를 조립합니다. 그리고는 상부구조물을 마무리짓기 위해 전기공, 배관공, 조선공, 목공, 도장공 등이 작업을 시작합니다.

그러나 만약 조선대에서 배를 진수(새로 만든 배를 물에 띄우는 것)하는 경우에는 이러한 작업은 일단 배를 진수한 뒤에 하게 됩니다.

몇 백 년 전에는 대개 강의 끝에서 배를 만들었습

니다. 썰물 때에 물이 들어오지 못하도록 댐을 만들고, 그 마른 도크(배를 수리하거나 만드는 데 쓰는 시설) 안에서 배를 만들었습니다.

마침내 배가 완성되면 썰물 때에 다시 댐을 허무는데, 물이 가득 차게 되면 배가 저절로 떠오르게 하는 방법입니다.

그러나 마른 도크를 만들기 위해서는 돈이 많이 들기 때문에 점차 새로운 방법이 개발되었습니다.

물가에 비스듬하게 대를 설치하고 그 대 위에서 배를 만드는 방법입니다.

배의 선체가 완성되고 표면에 페인트를 여러 겹으로 칠하고 나면 진수할 준비가 다 됩니다.

이 때 레일에 기름을 치고 배를 받쳐 놓은 대를 치우면 배는 레일 위를 조용히 미끄러져서 물 위로 나아가게 됩니다.

그러나 이 방법은 물의 수위가 알맞아야 하며, 배가 길면 길수록 진수할 때의 문제점과 위험이 크기 때문에 다시 마른 도크에서 배를 만드는 옛날 방법으로 되돌아가고 있습니다.

한편 배의 선체를 두 부분으로 나누어 따로따로

진수시킨 후에 바다 위에서 접합시키는 방법도 쓰이고 있습니다.

현대의 항해술과 바다 규칙

옛 선원들은 자신들의 경험과 추측에 의지하여 먼 바다를 항해하였습니다.

그러나 현대의 배들은 대개 컴퓨터에 의하여 항로를 정하고 자동차 조종 장치로 배를 조종합니다.

뱃길을 나가다가 조그만 변화가 생기게 되면 자이로컴퍼스가 이를 탐지해 냅니다. 그러면 자동 조종 장치가 방향타의 방향을 수정합니다.

만일 자이로컴퍼스와 자기컴퍼스가 가리킨 방향 도수에 차이가 나게 되면 경보 장치가 울려서 그것을 알리도록 되어 있습니다.

전자 측정기는 방향과 속도를 기록하고 초음파 측심 장치는 수심을 측정하여 기록합니다.

옛 선원들은 끈에 납을 달아 수심을 알아낸 것을 생각하면 매우 편리해졌다고 할 수 있습니다.

또한 자동 방향 탐지기는 육지의 송신소에서 보내져 온 신호를 받아 항로를 기록합니다.

레이다의 스크린은 가까이 있는 모든 배의 움직임을 탐지합니다. 그러기 위해서 무선실은 언제나 육지와 다른 배와의 통신을 유지합니다.

육지의 기상대로부터는 정기적으로 날씨, 파도, 떠도는 빙산이나 빙하 등에 대한 것을 배에 통보합니다.

바다를 항해하는 배들은 자신들의 항로를 결정하는 데에 최단 거리를 택하기보다 항해하기에 유리한 바람과 파도를 만날 수 있는 항로를 선택합니다.

이 항해 기술의 기초는 전파입니다.

방향을 결정하는 데에는 어떤 정해진 장소에서 보내온 신호를 안테나로 수신하는 방법을 사용합니다. 두 군데 이상의 신호를 수신하게 되면 항해사는 배의 위치를 알 수 있습니다.

그러나 오늘날은 하나의 신호만 가지고도 그 반사 신호가 도달하는 시간을 비교하여 배의 위치를 아는 방법을 사용하고 있습니다. 또 어떤 배는 컴퓨터를 싣고, 인공 위성으로부터 수신한 신호에 의해 배의 위치를 확인합니다.

하지만 모든 배들이 이러한 현대 장비를 사용하는 것은 아닙니다. 아직도 많은 배들이 경험 많은 항해사나 선장의 추측과 경험에 의지하여 항해하고

있습니다.

현대 장비를 갖춘 대형 배들은 충돌 방지용 레이다를 사용합니다. 만약 어떤 물체나 다른 배에 충돌할 것 같은 경우에는 레이다에서는 그것을 피하기 위한 행동을 지시해 줍니다.

초성능 레이다는 다른 배가 나아갈 진로까지 계산하여 보여 주기 때문에 미리 자신의 진로를 바꾸어 충돌을 막을 수도 있습니다.

충돌 방지용 레이다는 바다를 항해할 때 매우 필요한 장비입니다. 왜냐하면 바다에서는 흐린 날,

안개가 낀 날, 폭풍우 치는 날이 많기 때문에 사람의 눈으로는 그것을 모두 알아낼 수 없기 때문입니다.

레이다에는 전파 탐지기와 음파 탐지기가 있습니다.

전파 탐지기는 장해물이 나타나면 안테나로 전파를 보내서 그 반사되는 것을 받아 그 장해물에 대해 알아내는 방법입니다.

전파는 일정한 속도로 나아가기 때문에 그 장해물의 방향뿐만 아니라 진로까지도 알 수 있게 됩니다.

음파 탐지기는 음파를 이용한 것으로 레이다와 같은 원리입니다. 음파 탐지기가 계속 알아내는 정보를 컴퓨터에 입력하면 자신의 배의 위치와 장해물의 위치 등을 알 수 있습니다.

이렇게 현대적인 장비를 갖추고 항해를 해도 바다에서는 사고가 일어날 때가 있습니다. 배가 침몰되거나 좌초되는 경우입니다.

그러한 사고의 원인으로는 화재, 폭발, 안개 속에서의 좌초, 거친 폭풍우와 파도에 의한 침몰 등입니다. 기계 고장과 장해물에 의한 충돌도 있습니다.

배가 침몰할 위기에 놓이게 되면 배의 선장은 즉시 배의 위치와 사고 내용을 보고한 조난 신호를 보냅니다.

만약 부근에 다른 배가 있을 경우 그 배는 급히 사고 현장으로 달려가 사고 당한 배를 도웁니다.

해안 경비대에서는 항공기와 헬리콥터를 출동시킵니다. 육지와 가까운 곳이라면 구조정 등도 출동합니다.

그러나 날씨가 나쁠 때에는 조난중인 배를 수색하는 항공기가 바로 배 위를 지나가면서도 찾지 못하는 경우도 있습니다.

세계 주요 항로가 있는 지점의 항구에는 항상 '태그보트'라는 수리장비를 갖춘 구조정이 대기하고 있습니다.

무선으로 원조 요청을 받으면 태그보트는 즉시 출동합니다. 태그보트에는 불을 끄는 소화 장비와, 물을 퍼내기 위한 강력한 펌프를 비롯하여 잠수부, 잠수 용구, 수중 절단기, 용접기, 수리 도구 등을

모두 갖추고 있습니다. 태그보트의 역할은 사고 당한 배를 수리하는 것이지만, 항구까지 그 배를 끌고 가는 일도 합니다.

요즈음은 이러한 조난 사고를 대비하여 인공 위성을 이용한 세계 구원 경계망이 개발되고 있습니다.

배들은 매일 자기 위치를 알리고 컴퓨터에 의해 항로를 확인합니다. 만약 사고가 발생하면 배 안에 있는 장치가 자동적으로 구원 신호를 내게 되는 것입니다.

이러한 바다에서의 사고를 줄이기 위해서는 바다의 규칙과 신호를 잘 지켜야만 합니다. 교통규칙을 지켜야 자동차 사고를 예방할 수 있는 것과 같은 이치입니다.

바다에서는 규칙과 신호에는 다양한 모양과 색깔의 깃발과 불빛, 소리 등이 사용됩니다. 모든 신호는 국제 신호법에 기준을 두고 있습니다.

교통 규칙에서도 빨간불은, 정지하라 파란불은 건너라를 뜻하는 것과 같은 이치입니다.

예를 들어 (그림 1)의 각각의 기는 그 하나 마다에 알파벳의 한 글자를 나타냅니다. 또한 그 하나 마

〈그림 1〉

국제 규칙에 의한 신호

다에 특별한 의미를 가지고 있습니다. 예를 들어 두번째의 깃발은 알파벳의 B를 나타내며, B는 '위험물운반 중'이라는 뜻입니다. C는 '그렇습니다', D는 '길을 터라', G는 '물길 안내인이 필요함', L은 '즉시 정지하라', N은 '아니오', O는 '승무원 추락', P는 '격리한다', V는 '구조 요청' 등을 의미합니다.

소리에도 정해진 규칙이 있습니다.

만약 두 척의 배가 충돌할 것 같은 진로로 서로 접근해 가고 있을 경우에는 양쪽 모두 진로를 오른쪽으로 바꾸어야 합니다.

충돌을 막기 위한 행동을 할 때에는 양쪽 배 모두 경적을 울려서 자기가 어떻게 행동하고 있는가를 알려 주어야 합니다.

경적을 한 번 짧게 울리면 오른쪽으로 진로를 바꾸는 것을 뜻합니다. 짧게 두 번 울리면 왼쪽으로 진로를 바꾸는 것이며 세 번 울리면 뒤로 물러난다는 것을 뜻합니다.

밤에는 모든 배가 등불을 켜야만 합니다. 배의 왼쪽에는 빨간불, 오른쪽에는 녹색불 이물과 고물에

〈그림 2〉

는 흰색불입니다.

(그림 2) 흰 등불은 배가 정박 중일 때의 표시입니다. 나머지 불빛 표시는 배가 항해하고 있을 때의 다른 표시들입니다.

해안이나 항만 부근 복잡한 바닷길 등에는 배를 쉽게 들어서게 하기 위해 '부표(물 위에 띄워 표적으로 삼는 물건)' 가 있습니다.

부표에는 바다의 깊이, 숨겨진 바위, 얕은 곳 등이 표시되어 있어서 난파되지 않도록 합니다.

또한 모든 부표(그림 3 참조)에는 바닷길 지도인 해도가 모두 표시되어 있어서 항해사는 미리 이것으로 위험한 지역을 확인할 수 있습니다.

해도에는 지형과 각 항구의 밀물과 썰물 때의 수위(바다나 강, 댐 따위의 수면의 높이), 수심(물의 깊이) 그리고 바다 밑이 모래인지 바위인지가 적혀 있습니다.

그림①의 원추형 부표는 배가 바다에서 운하로 들어왔을 때 수로의 오른쪽 끝을 표시합니다. 그림②의 원추형 부표는 수로의 왼쪽 끝을 표시합니다.

그림③의 부표는 좁은 지류를 알립니다. 마크에

〈그림 3〉

의해 주류가 어느 쪽인지 알 수 있습니다.

그림④의 부표는 위험을 나타냅니다. 원추형은 오른쪽을, 원주형은 왼쪽을 통행하라고 지시하는 것입니다.

그림⑤의 부표는 격리를 의미함. 선 내에 전염병이 발생한 배의 정박지를 알립니다.

그림⑥의 부표는 큰 바다에서 밑이 특히 낮은 곳을 표시합니다.

그림⑦과 같은 검정색과 흰색 또는 빨간색과 흰색을 섞은 부표는 수로의 주류 한가운데를 표시합니다.

강력한 조명장치와 무선 표지나 음향 신호를 갖춘 등대는 또 하나의 해상 표지입니다.

세계에서 가장 높은 등대는 그 높이가 71.4미터이며 그 조명의 밝기는 32킬로미터까지 간다고 합니다.

배가 항구에 접근하게 되면 선장은 그 항구의 물길 안내인을 오게 하여 배가 정박할 곳을 안내받습니다.

세계의 항구를 누비고 다니는 선장보다는 그 지역

의 물길 안내인이 그 곳 뱃길을 더 상세히 알고있기 때문이지요.

배의 종류와 기능

여객선과 연락선

여객선은 바다로 여행을 하기 원하는 승객을 목적지까지 안전하게 운반하는 것이 목적인 배입니다.

자동차도 사람이 타는 차, 물건을 나르기 위한 차, 또한 적은 인원이 타는 차, 많은 인원이 타는 차로 그 쓰임에 따라 종류가 달라지듯이 배도 그와 같이 여러 종류로 나뉘어집니다.

여객선은 많은 승객들이 타는 대형 선박입니다. 따라서 배에는 승객들이 즐겁게 편안하게 항해할 수 있도록 각종의 편의 시설이 갖추어져 있습니다.

호화여객선은 마치 호텔과 같이 객실과 식당, 영화관, 풀장, 도서관, 실내 운동장, 교회와 병원 등

이 갖추어져 있어서 오랜 시간을 여행하는 데에 조금도 불편을 느끼지 않도록 되어 있습니다.

여객선에서 다소 중요시 여기지 않는 것은 속도입니다.

왜냐하면 물은 공기보다 밀도가 800배나 높기 때문에 바다를 빨리 달리기 위해서는 너무 많은 에너지가 소비되기 때문입니다. 에너지가 많이 소모된

다면 배삯도 따라서 비싸질 것입니다.

만약 비행기삯이 만 원인데 배삯이 3만 원이라면 누가 요즈음 배를 타려고 하겠습니까.

여객선을 타려고 하는 손님들은 빨리 목적지에 도착하기 보다는 한가한 기분으로, 편안한 설비 속에서 여행하기를 원하는 사람들입니다.

따라서 여객선은 속도를 중요하게 여기지 않게 되었습니다. 지금은 대개 20~30노트(배의 속도의 단위, 1노트는 한 시간에 1해리(1,852m)를 달리는 속도임) 속도를 유지하고 있습니다.

배의 규모와 크기도 많이 줄었습니다. 1920~1930년대까지는 8만톤 정도 크기의 여객선이 있었지만 지금은 대형 여객선도 대개 3만~6만톤급 정도입니다.

현재 관광객을 싣고 바다를 누비는 대형 여객선으로는 영국의 '퀸 엘리자베스 2세 호'가 있습니다.

퀸 엘리자베스 2세 호는 그 크기가 약 6만 7천 톤급이며 최고 속도는 28.5 노트입니다. 이 배는 약 2천 명 정도의 승객을 태울 수 있습니다.

그 밖에도 6만 5천톤 크기인 노르웨이의 '노르웨

이 호', 3만 7천5백톤 크기의 '송 오브 아메리카 호', 3만 3천 8백톤 크기인 서독의 '오이로파 호', 3만 4천톤 크기인 네덜란드의 '놀담 호', 4만 4천톤 크기인 영국의 '로열 프린세스 호', 2만 3천톤 크기인 미국의 '트로피칼 호' 등이 있습니다. 이 배들은 호화로운 설비들을 갖추고 유유히 바다를 여행하는 호화 여객선입니다.

대부분 휴가 여행자들을 싣고 다니는 이러한 선박은 설비도 모두 최고급으로 꾸며져 있기 때문에 배 가운데서 가장 비쌉니다. 예를 들어보면 영국의 한 해운회사는 로열 프린세스 호를 1,700억 원에 사들였다고 합니다. 이러한 호화 여객선을 흔히 유람선이라고 부릅니다. 유람선은 여러 층으로 되어 있기 때문에 승객들은 모두 자신의 방에서 바다 풍경을 즐길 수 있습니다.

유람선과 비슷한 쓰임으로 연락선이 있습니다. 현대식 연락선은 손님들과 아울러 그들의 자동차와 트럭을 함께 실어 나르는 배입니다. 이러한 연락선은 항만에 도착하여 일을 빨리 마쳐야 하기 때문에 이물과 고물쪽의 문으로 사람이나 화물이 지나가게

합니다. 한 시간도 안되는 시간 안에 모든 화물을 싣고 내릴 수 있습니다.

고급 연락선은 증기 쿠션을 타고 앞으로 나아가는 호버 크라프르나 물속날개가 달린 특수한 설계로 만들어져 있습니다.

물속날개가 달려있는 제트 수중익선은 세계 여러 곳에서 고속 연락선으로 사용되고 있습니다 속도도 빨라서 평균 40노트의 빠른 속도를 낼 수 있습니다.

이 배는 가스 터빈으로 추진되고 있는데 터빈은 배 밑에 있는 구멍으로 물을 빨아들여서 물 분사구멍으로 매우 세게 뿜어내어 속력을 내고 있습니다. 또한 물속날개를 자동으로 조절하기 때문에 거친 바다에서도 편안하게 항해를 할 수 있습니다.

그러나 수중익선은 선체에 날개를 달기 때문에 큰 배는 만들 수 없습니다.

현재 세계에서 가장 큰 수중익선에도 150여 명 정도밖에 타지 못합니다.

세계에서 가장 유명한 수중익선(배의 아래쪽 앞뒤 부분에 날개를 단 배)은 스위스의 슈프라마르호입니다.

수중익선은 비록 작은 규모이긴 하지만 속도와 안전성에서 널리 인정받고 있습니다.

호버 크라프트도 수중익선과 비슷한 크기와 규모의 배입니다.

호버 크라프트는 영국에서 발명되었는데 물결이 높은 거친 바다에서도 항해를 할 수 있습니다.

이 배는 선체 밑에 압력이 큰 공기를 넣어서 선체가 물에 떠오르게 한 후, 가스 터빈으로 프로펠러를 돌려서 나아가는 최신 방식의 배입니다.

선체가 수면에서 1미터 정도나 떠오른 채로 물위를 달리기 때문에 물의 저항이 거의 없어서 배의 속도가 매우 빠릅니다. 최고 속력은 평균 65노트로 경주용 모터보트를 빼면 가장 빠른 배라고 할 수 있습니다.

화물선

화물선은 일반 화물선과 특수 화물선으로 나누어집니다.

특수 화물선은 석유를 운반하는 유조선, 광석과 목재를 운반하는 광석•목재 운반선, 콘테이너선, 바지 운반선(운하나 하천, 항만 같은 데서, 화물을 나르는데 쓰이는 바닥이 편편한 짐배)이 있습니다.

그 외의 일반 화물을 실어나르는 배를 화물선이라고 합니다.

화물선은 가장 효과 있는 운송 수단으로, 세계의 무역을 좌우할 만큼 중요한 배입니다.

우아하고 화려한 모양의 여객선에 비해 화물선은 매우 볼품없는 배같이 생각되기 쉽습니다. 그러나 요즈음 화물선은 모양과 기능이 매우 발전되어 있습니다.

화물도 몇 배나 많이 실을 수 있으며 적은 인원의 선원으로도 작업이 가능할 만치 설비도 자동화되어 있습니다.

또한 선박의 기능적인 모양, 항구에서 걸리는 시

간을 절약하는 화물처리 기술도 발달되어 있습니다.

선박이 항구에 머물러 있는 시간은 화물을 어떤 방법으로 처리하는가에 따라 시간과 능률이 달라집

니다. 때문에 장비가 매우 능률적이어야 합니다.

요즈음은 화물을 올리고 내리는 데에 기중기를 사용하여 시간을 훨씬 절약합니다.

또한 배의 추진력을 얻는 데에 디젤 엔진을 사용하기 때문에 기관사 한 사람과 조수 한 사람으로 충분히 조작할 수 있습니다.

기관사는 엔진과 배 안의 모든 기계류에 관한 책임자입니다.

화물선도 다른 배와 마찬가지로 지휘 계통에 의해 선원들이 움직입니다.

대개 최고 지휘자인 선장 밑에 항해사와 갑판원과 기관사가 있습니다.

갑판원은 항해사를 보좌하는데, 배의 조종, 신호, 화물을 싣고 내리는 일, 선체를 칠하는 작업 등을 합니다.

새로 선원이 되면 기술과 경험을 익힌 뒤에 중급 선원이 되며, 중급 선원 가운데 우수한 사람은 갑판장으로 승격됩니다.

갑판장이란 마치 공장에서의 공장장과 같습니다.

그 밖의 선원들은 목공, 창고 관리계, 요리사, 급

사 등의 일을 합니다.

현대식 선박에는 기중기 같은 장비 외에도 배의 고물에 여러 자동 운송 장비가 설치되어 있어서 항만 장비의 도움을 받지 않고도 화물을 처리할 수 있습니다.

때문에 화물선은 그 운반 규모와, 운반비의 저렴함에서 어떤 운송 기관보다 훌륭합니다.

특수 화물선 가운데 대표적인 것은 유조선입니다.

유조선은 원유를 채굴하거나 실어나르는 데에 사용되는 배이기 때문에 안정성이 뛰어나야 됩니다. 생산되는 나라는 적지만 그것을 필요로 하는 나라는 많기 때문에 유조선은 세계를 누빕니다.

또한 많은 양을 실어야 하기 때문에 그 크기인 톤수도 커야 합니다. 유조선은 대부분 대형입니다. 그러나 그렇게 큰 유조선이더라도 컴퓨터와 갑판위의 수많은 파이프를 사용하는 자동 장치로, 매우 짧은 시간 안에 하역 작업을 할 수 있습니다.

다른 특수 화물선도 그 운송 목적에 알맞게 설계되어 있습니다.

이 특수 화물선 가운데 콘테이너선이 있습니다.

콘테이너선은 좀더 능률적으로 화물을 싣고 부리기 위해 만든 특수한 배입니다.

콘테이너라는 것은 상자를 말하는데, 그 상자 속에 화물을 넣는 것입니다.

콘테이너의 크기는 세계 어디서나 일정한 크기로 정해져 있습니다. 세계 어디서나 똑같이 길이는 6.096미터와 12.192미터, 높이는 2.435미터입니다.

이러한 콘테이너를 사용함으로써 화물의 수송능력은 크게 올라갔습니다. 콘테이너는 개봉할 필요도 없이 한 공장에서 다른 공장으로 옮겨지기 때문입니다.

가장 큰 콘테이너선은 6.096미터 짜리 상자를 4,000개까지 실을 수 있습니다. 그러나 대개 6.096미터 짜리 콘테이너를 2,000개에서 3,000개 정도 싣는 콘테이너선이 대부분입니다.

콘테이너는 방수 처리가 되어 있기 때문에 갑판위에 그대로 실을 수 있으며, 항구에 도착하게 되면 항만의 기중기로 내리게 됩니다.

먼저 콘테이너가 항구로 실려오면 특수수레가 콘

테이너를 배 옆에까지 가져갑니다. 거기에서 콘테이너는 기중기에 끌어올려져서 선창으로 들어갑니다.

기중기는 하루에 500개 이상의 콘테이너를 내릴 수 있기 때문에 보통의 화물선보다 콘테이너선을 사용할 경우 훨씬 경제적으로 화물을 옮길 수 있습니다.

탱크선

기름이나 가스 등의 화학 물질을 가득 실은 배가 만약 바다에서 좌초하거나 침몰한다면 매우 위험한 사태가 벌어질 것입니다

그러한 위험을 예방하기 위해서 가스나 기름 같은 화학 물질을 운반하기 위해서는 특수하게 만든 탱크선을 사용합니다.

가스 운반선은 특히 특별하게 만든 탱크선입니다. 액화 천연 가스나 액화 석유 가스를 실어나르기 위해서는 특수 강철이나 알루미늄을 사용해야 되기

때문입니다.

가스는 이러한 강철 탱크 속에 압축해서 싣든지 섭씨 영하 165도로 식혀서 탱크 속에 싣습니다.

액화 천연 가스는 두꺼운 보온재로 감싼, 반으로 잘린 공 모양이나 프리즘 모양의 탱크에 넣어 매우 낮은 온도로 운반됩니다.

탱크를 강철이나 알루미늄으로 만드는 것은 이처럼 낮은 온도에 견딜 수 있어야 하기 때문입니다.

화학 제품 운반선이나 칸막이 탱크선은 50가지의 다른 화물을 한꺼번에 나를 수 있습니다.

어선

고기잡이 배인 어선은 그 크기와 종류가 매우 다양합니다. 그 가운데 가장 중요한 어선으로 고래잡이 배인 포경선과 트롤선이 있습니다.

고래가 살고 있는 남극 가까이에서 고래를 잡는 포경선은 포경 모선과, 운반선 그리고 고래잡이 보트 등이 함께 다닙니다.

고래잡이 보트가 고래를 잡으면 포경 모선에는 그 잡은 커다란 고래를 갑판 위에 올려놓고 조각으로 자릅니다.

그 큰 고래를 갑판 위에 끌어올리기 위해서는 기중기를 사용하여야 합니다. 또한 고물에는 커다란 구멍이 뚫려 있습니다.

조각으로 잘라진 고기와 기름은 즉시 냉동되어 운반선으로 목적지로 보내거나 그 부근의 나라에 팔아치웁니다.

트롤선은 모래나 진흙이 있는 바다 밑으로, 트롤망을 끌고 항해하면서 연어, 게, 송어 등을 잡는 어선을 말합니다.

그 크기는 2만 톤의 대형 선박에서부터 수백 톤의 작은 것까지 여러 가지가 있지만, 먼 바다에서 고기를 잡기 위해서는 대형 선박이 필요합니다.

군함

군함 또는 전함이라고 불리우는 이 배는 해운의 보호 및 해로의 통제에 없어서는 안 되는 배입니다.

군함을 설계할 때는 배의 설계자 뿐아니라 해군전

군함에는 포대, 미사일, 기관포, 어뢰 등의
무기를 갖추어 만드는데 현대 해군에는 배
한 대에 그것을 모두 설치하는 것이 아니라,
여러 대의 배에 나누어 설치하고 그 여러
대의 배가 함께 움직입니다. 이것을
함대라고 합니다

략가가 함께 의논하여 배를 설계합니다.

군함에는 포대, 미사일, 기관포, 어뢰 등의 무기를 갖추어 만드는데 현대 해군에는 배 한 대에 그것을 모두 설치하는 것이 아니라, 여러 대의 배에 나누어 설치하고 그 여러 대의 배가 함께 움직입니다. 이것을 함대라고 합니다.

예를 들어 작전실이 있는 항공 모함이 중앙에 있고, 그 옆에는 항공 모함을 지키는 순양함이 있습니다. 항공 모함 뒤쪽 좌우로는 적의 잠수함에 맞서 싸울 수 있는 프리깃함과, 구축함이 자리잡습니다. 헬리콥터와 상륙정을 띄워 보낼 수 있는 공격용 전함은 항공 모함 앞에 자리잡습니다.

전함에 연료를 공급하는 보조선은 항공 모함 뒤쪽에 자리잡으며 잠수함은 그 모든 전함의 좌우에서 감시를 합니다.

미국의 해군은 현재 4개의 함대로 나뉘어 있습니다.

대서양에는 제2함대, 동태평양에는 제3함대, 지중해의 제6함대와, 서태평양과 인도양에는 제7함대가 있습니다.

이 가운데 제7함대의 임무는 아시아와 인도양에서의 미국을 지키는 일입니다.

미국은 태평양을 통해 행하여지는 공격에서 나라를 지키고, 동맹국과 우호국을 위한 바다와 공중의 교통로 확보, 이 지역의 정세 안정을 지키는 일을 제7함대가 하고 있다고 말합니다.

현재의 제7함대로 편성된 것은, 한국 전쟁, 즉 6.25가 일어난 뒤인 1953년입니다.

한국 전쟁 중에서도, 제7함대는 해상 수송과 제해권 확보에 큰힘을 발휘했습니다

그 후 1954년, 58년에는 타이완해협, 1965년 이후엔 베트남 전쟁에서, 많은 작전에 참가했습니다.

현대는 원유가 세계를 지배하는 전략물자이기 때문에 페르시아만에서 아프리카 동쪽 해안, 마라카해협 등에서 사건이 일어나게 되면 재빨리 제7함대가 모여듭니다. 인도지나반도, 인디아, 중근동(중동과 근동지역)등에서 분쟁이 일어났을 경우에도 마찬가지입니다.

1977년을 기준으로 제7함대는 항공모함 2척, 순양함 4척, 구축함•프리깃함 16, 잠수함 4~6, 비

행대, 해병대와 전투부대를 겸한 부대 1대, 지원함대로 이루어져 있습니다

이 함대의 총인원은 약 4만 명입니다. 또한 항공모함 2척을 중심으로 크게 두 부대로 나뉘어져 있습니다. 그리고 임무와 목표에 따라 9부대로 나누어져 있습니다. 이처럼 함대는 대규모 전함입니다.

현대 해군 전략에서 가장 중요하게 생각하는 세 가지는 전자 전투장비, 유도 병기, 원자력 잠수함입니다. 오늘날에는 전함의 전자 장비가 배보다 더욱 비쌉니다.

옛날에는 전함에 무기를 잔뜩 싣고 서로 공격하는 해전을 하였습니다 그러나 제1차 세계대전 때에 영국과 독일이 온 힘을 다해 맞서서 싸운 결과 양쪽 모두 너무나 손실이 크다는 사실을 알았습니다.

그래서 맞서 싸운 해전은 1916년의 유틀란드 해전 한 번 뿐이었으며 그 이후의 전함은 적의 보급선을 공격하거나 자기군대의 보급품을 운반하는 수송선들을 호위하는 데에 쓰였습니다.

제2차 세계대전에서는 전투기와 폭격기가 병기로 사용되었으며, 바다 위에서는 항공 모함과 잠수함

이 전투에 사용되었습니다.

이 때에도 보급 수송선을 호위하기 위해서는 군함이 필요했습니다.

오늘날 해군의 전함들로는 미사일이나 잠수함의 공격을 받기 쉬운 대형 항공 모함보다 소형함이 더

많이 쓰입니다.

군사전략가들은 만일 앞으로 큰 전쟁이 일어난다면 그 전쟁은 바다 위와 속에서 벌어질 것이라고 말하기도 합니다.

미사일, 항공기, 원자력 잠수함의 싸움이 될 것이라는 추측입니다.

그러나 보급 물자를 운반하는 화물선의 호위는 여전히 중요하기 때문에 지금도 전함은 계속 개발되어가고 있습니다.

군함의 종류인 전함, 구축함, 순양함은 미사일과 어뢰를 갖고 있으며 40노트 이상의 속도를 낼 수 있습니다.

이 밖에도 호위용 소형 구축함, 대공용 구축함, 구잠함 등이 있는데, 이런 배들은 모두 적함이나 적기를 공격할 수 있는 최신 병기를 갖고 있습니다. 또한 해안에서 군대와 군장비를 해안으로 올리기 위한 양륙함, 물과 식량, 중유 등을 바다 위에서 다른 군함에 보급하는 급유함, 수뢰를 제거하는 소해정, 매우 작지만 무서운 속도로 어뢰 공격을 하는 어뢰정 등도 군함의 한 종류입니다.

관측선

관측선은 해양을 관측하는 배로 바닷물의 온도, 해류, 물의 깊이, 염분의 농도, 물고기의 분포 등을 조사하는 일을 하고 있는 배입니다.

세계에서 해양 관측을 활발하게 하고 있는 나라는 미국과 영국, 소련 등입니다.

유엔의 유네스코에서는 1957~1958년에 걸쳐 국제 지구 관측의 해를 제안하여 지금은 세계의 대부분의 나라가 이 국제적인 행사인 해양 관측에 참여하고 있습니다.

해양 관측선은 바다의 기상을 관측하여 기온과 바람의 방향 등으로 태풍의 진로를 세밀하게 기록하는 기상 관측선과 깊은 바다의 생물과 바닷물의 상태를 조사하는 심해 잠수정이 있습니다.

이탈리아에서 만든 심해 잠수정 트리에스터 호는 마리아나 해에서 1만 미터 깊이까지 들어갔습니다. 프랑스 해군 아르키메데스 호도 9,000미터 깊이까지 들어갔습니다.

관측선은 바다를 관측하기에 알맞게 설계되어 있

습니다. 미국 해군의 한 관측선은 배의 중앙에 특수유리창이 있어서 그 곳으로 바다 밑을 살필 수 있습니다. 또한 잠수부가 즉시 물 속으로 들어갈 수 있도록 출입구가 뚫려 있습니다.

해양 관측과는 좀 다르지만, 깊은 바다 밑바닥의 지질을 조사하여 지구 내부 구조를 밝혀 내려는 일을 하는 관측선도 있습니다. 이 배는 6,000미터 깊이의 바다 밑으로 쇠 파이프를 집어넣어 바다 밑바닥 흙을 퍼올릴 수 있습니다.

바다의 기상을 관측하여 바람의 방향과 기온 등으로 태풍의 진로를 기록하는 기상 관측선도 있습니다

쇄빙선

남극 같은 극지에 가까운 항구나 얼어붙은 강의 얼음을 깨고 나아가는 배를 쇄빙선이라고 합니다.

쇄빙선은 극지의 관측소로 보급 물자를 운반하는 배들을 위해 뱃길을 열어주는 일을 합니다.

이 배는 선체가 매우 튼튼하기 때문에 약 90센티미터 두께의 얼음도 쉽게 깨고 나아갈 수 있습니다. 소련의 원자력 쇄빙선 레닌 호는 약 180센티미터 두께의 얼음도 쉽게 깰 수 있습니다.

쇄빙선은 얼음이 너무 두꺼운 곳에서는 폭약을 깨뜨리며, 또는 얼음 위에 배를 올려서 배의 무게로 얼음을 깨기도 합니다.

쇄빙선의 뱃머리는 쉽게 얼음 위에 올라갈 수 있도록 만들어져 있습니다.

배의 앞뒤에는 물탱크가 들어 있습니다. 얼음에 부딪치면 먼저 뒤의 탱크에 물을 넣어 앞부분을 가볍게 하여 얼음 위에 배의 앞부분을 올려 놓습니다. 그 다음에 다시 앞부분의 탱크로 물을 옮겨 배의 앞부분을 무겁게 만들어, 그 무게로 얼음을 깨는 것입니다.

해저 전선 부설선

해저 전선 부설선은 바다 밑에 전선을 설치하는 일을 합니다.

이 배는 온 세계에 해저 전선을 설치하는 일과 함께 수리도 합니다.

바다 밑에 전선을 설치하기 위해 배의 이물이나 고물에는 도드래와 새 전선을 검사하거나 고장난 곳을 발견하는 장비 등이 설치되어 있습니다. 또한 드럼 모양으로 생긴 거대한 통 속에 들어 있는 전선도 운반합니다. 이 배에는 일정한 속도로 전선을 바닷속으로 내보내는 특수 설비로 갖추어져 있습니다.

준설선

준설선은 항구나 항로의 물 밑바다의 흙탕을 제거하는 일을 합니다. 항로와 항구에는 항상 일정한 깊이의 물이 있어야 합니다. 큰 배일수록 더욱 수

심이 깊어야 안전하게 정박하기 때문입니다. 그러나 바다 밑에는 쓰레기와 흙이 쌓이게 되므로 준설선은 이런 것들을 치우는 일을 합니다. 양동이식 준설선에는 사슬에 여러 개의 양동이가 달려 있는데, 이 양동이로 바다 밑의 흙탕을 파내어 들어올려서 거룻배로 내다 버립니다. 이 밖에도 진공청소기와 같은 장치가 있는 준설선은 파이프로 흙탕을 빨아올려 선창이나 항로 밖으로 내뿜어 버립니다.

예인선(터그 보트)

이 배의 일은 큰 배를 안전한 항구까지 끌고 가는 것입니다.

1만톤 이상의 큰 배는 항구에 들어서면 천천히 달리지 않으면 위험합니다. 그러나 속력을 너무 느리게 하면 키를 마음대로 움직이지 못하게 되기 때문에 예인선이 밀고 당겨 주어야만 합니다. 예인선은 선체의 절반 이상이 강력 엔진으로 채워져 있어서 작은 크기에 비해 힘이 매우 셉니다. 또한 앞뒤와 좌우로 재빨리 움직이기 위해 보통 프로펠러와는 다른 슈나이더 프로펠러를 사용하고 있습니다. 대형예인선은 바다에 떠 있는 고장난 배, 거룻배, 유전굴착용 갑판 등 무엇이나 끌 수 있습니다.

미래의 배

미래의 배를 설계하는 기술자들은 더욱 좋은 배를 만들기 위해 계속 연구하고 있습니다. 배의 모양, 인력을 줄이기 위한 로봇의 이용, 화물 수송용의 큰 잠수함 등에 대해 연구하고 있습니다. 앞으로 50년 안에 강철 대신에 플라스틱으로 만든 배가 나타날지도 모릅니다. 전자력 발전으로 배를 몰게 될지도 모릅니다. 전자력 발전이란 배 둘레의 바다에 자기장을 만들어서 그 속으로 배가 빠르게 미끄러져나가게 하는 매우 발달된 기술입니다. 디젤 엔진의 힘을 덜기 위해서 보조로 풍력 터빈을 이용할 것입니다. 유람선은 더욱 호화스러운 휴양시설을 갖추고 아름다운 곳을 찾아 철따라 옮겨다닐 것입

니다.
미래의 배는 이처럼 속력보다는 그 쓰임새에 알맞게 발전해 나갈 것입니다.

물 속으로 가는 배

최초의 잠수함

물 속으로 다니는 배는 언제 생겼을까요?

미국이 영국의 식민지로 있었던 200여 년 전의 일입니다.

영국 정부는 미국인들이 자신의 땅에 공장을 짓는 것을 반대하고 엄청나게 많은 세금을 거두어들였습니다.

미국인들은 참고 참다가 결국 영국으로부터 독립하려고 전쟁을 일으켰습니다.

그러나 싸움은 처음부터 미국에 불리했습니다. 당시 영국은 세계에서 가장 많은 식민지를 거느리고 있어서 돈도 많고 영국의 해군은 겁낼 것이 없는

무적이었기 때문입니다.

미국은 그런 영국에 비해 돈도 없고 농사만 짓던 지원병이 고작이었습니다.

그런 어려운 상황 속에서 데이빗 브슈넬이라는 사람은 영국의 배를 한꺼번에 없앨 방법을 궁리했습니다.

그러던 어느 날, 브슈넬은 물 위에 떠 있는 나무 술통을 보았습니다

그 통은 파도에 밀려 물 위를 떠다니며 뜨기도 하고 가라앉기도 하는 것이었습니다.

'옳지, 저 통 속에 사람이 들어갈 수 있으면 좋겠구나. 물 속에 가라앉고 싶을 때는 통 속에 물을 넣고, 물 위에 뜨고 싶을 때는 물을 적당하게 빼내고.'

그러한 생각을 하게 된 브슈넬은 뛸듯이 기뻤습니다.

집으로 돌아온 브슈넬은 물통을 기본으로 한 이상한 모양의 배를 만들었습니다.

그 배는 마치 달걀을 세워놓은 것 같았으며 크기도 술통만한 것이어서 겨우 한 사람밖에는 들어갈

수가 없었습니다.

이 배에는 두 개의 수중 프로펠러가 달려 있었습니다.

하나는 위에서 수직으로 움직이고, 다른 하나는 옆에 붙어서 수평으로 움직였습니다.

또 배의 뒤쪽에는 키가 달려 있어서 키를 움직이면서 방향을 조종하였습니다. 두 발로는 밑바닥에 있는 핸들을 돌려서 물을 넣거나 빼서 배를 뜨게 하고 가라앉게 했습니다.

이 괴상한 배는 1776년에 완성되었는데, 이것은 세상에 처음 나온 잠수함이었습니다.

드디어 브슈넬이 만든 새로운 잠수함을 타고 영국 군함을 공격하는 역사적인 날이 왔습니다.

브슈넬의 잠수함은 폭탄을 싣고 적의 군함 가까이 갔지만, 잠수함은 생각대로 쉽게 움직여지지 않았습니다. 결국 브슈넬의 잠수함은 잠수에도, 공격에도 실패하고 말았습니다.

하지만 브슈넬의 잠수함은 나중에 발명된 잠수함의 기본이 되었습니다.

잠수함의 발달

처음으로 나온 잠수함이 이와 같이 우스꽝스러운 모양을 하고 있었지만, 어쨌든 브슈넬은 그것을 만들어내기 위해 많은 노력을 하였습니다.

그러나 브슈넬의 잠수함 이후에 만들어진 잠수함도 그렇게 훌륭한 것은 못되었습니다. 오히려 여기저기에 이상한 것들이 잔뜩 붙어 있어서 브슈넬의 것만 못한 경우가 많았습니다.

그런 것 중의 하나였던 한 잠수함은 잠수함의 통에 기름을 먹인 가죽을 입혔고, 노가 달렸으며 물밑바닥에서는 바닥을 굴러갈 수 있도록 바퀴까지 달려 있었습니다. 더욱 우스운 것은 물 속에 잠겼을 때 긴 대롱을 통해 공기를 끌어들였고, 물 밖으로 나왔을 때를 생각하고는 돛을 달기도 하였습니다.

잠수함이 되기 위한 조건에는 몇 가지가 있습니다. 그것은 물 속에 가라앉았다가 다시 떠오를 수 있어야 하고, 또한 깨끗한 공기가 있어야 합니다.

많은 과학자들은 잠수함이 오랫동안 물 속에 잠겼

다가 뜰 수 있는 방법을 찾기 위해 애를 썼습니다. 그러다가 잠수함의 벽을 두 겹으로 만들어 보았습니다. 그리고 물 속에 잠기고 싶으면 잠수함의 두 벽 사이에 물을 채웁니다. 물을 채우면 무거워진 잠수함은 가라앉게 됩니다.

이번에는 물 위로 떠오르려면 두 벽 사이의 물을 빼냅니다. 그러면 잠수함은 가벼워져서 물 위로 떠오르게 됩니다

이렇게 뜨는 것과 가라앉는 것은 해결이 되었지만 물 속에 잠긴 다음이 더 문제였습니다.

잠수함 속에는 공기가 많지 않아서 오랫동안 물속에 있으면 공기가 부족해졌기 때문입니다.

또한 잠수함들은 물 속에 있기 때문에 그들이 가는 목적지를 알기 위해서는 자주 물 위로 올라와야 하는 불편이 있었습니다.

잠수함은 바닷속으로 숨어 다닐 수 있기 때문에 상대편의 배로부터 쉽게 달아날 수 있습니다. 그래서 잠수함은 처음부터 주로 전투용 배로 쓰였습니다.

옛날의 잠수함은 바다 위로도 다닐 수 있는 디젤

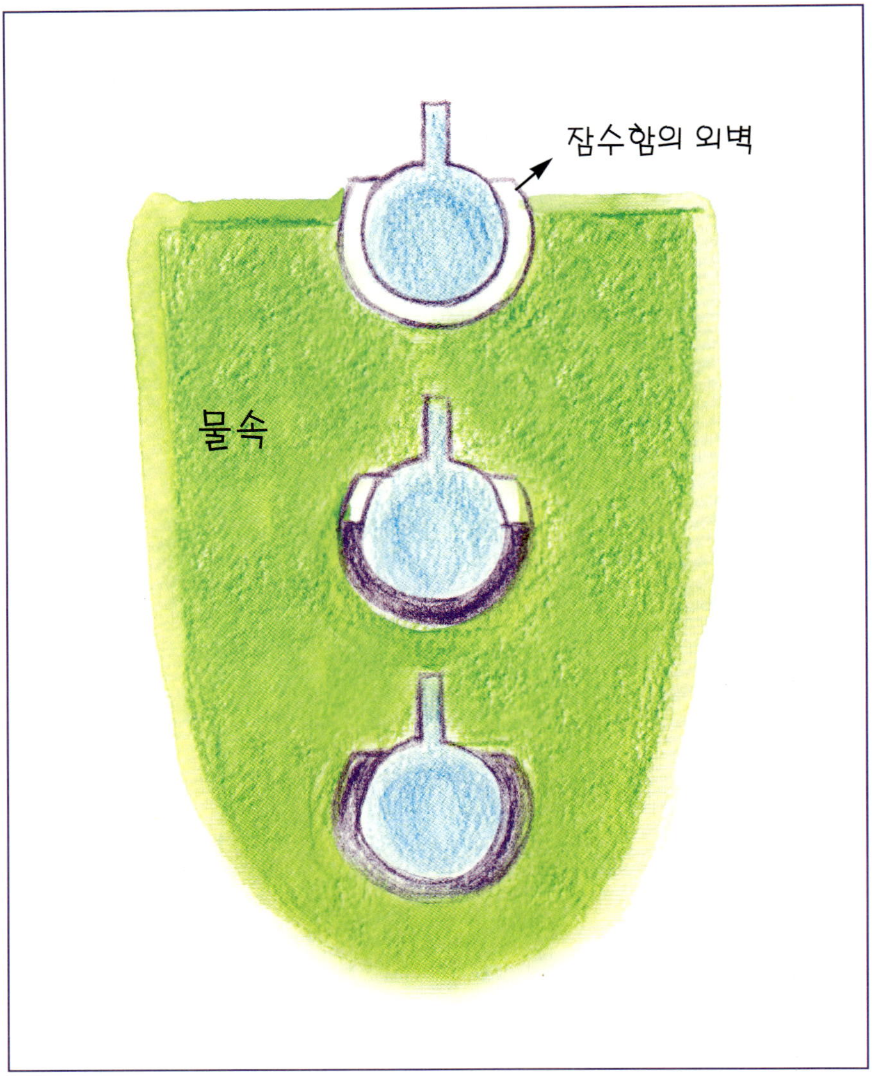

기관과 바닷속으로 다닐 수 있는 전동기의 두 가지 동력 기관을 함께 가지고 있었습니다.

이 잠수함은 최대로 48시간 동안이나 바닷속을 항해할 수 있었으나 그 이상은 산소 공급과 전동기

의 축전기를 충전시키기 위해 바다 위로 떠올라야만했습니다.

바다 위로 떠오른 잠수함은 상대편 배에 쉽게 들켰습니다.

이 문제를 해결하기 위해 애쓰던 독일은 제2차 세계대전 중에 '쉬노켈' 이라는 장치를 발명하였습니다.

쉬노켈이란 잠수함 윗부분을 통해 바다 위로 내민 한 쌍의 관입니다. 잠수함은 이것을 통해 산소를 얻고 배기 가스를 내보냈습니다. 따라서 이 장치를 갖춘 잠수함은 산소 공급과 축전지 충전을 위해 바다위로 떠오를 필요가 없어졌습니다.

그러나 이 잠수함도 쉬노켈을 사용할 수 있는 수심까지 올라가게 되면 상대방 함정의 레이다에 들킬 수밖에 없었습니다.

오랜 연구 끝에 과학자들은 원자력 발전기를 발명하였습니다. 원자력 발전을 이용한 잠수함을 만든 것입니다.

원자로에서 나오는 큰 힘은 잠수함을 오랫동안 쉬지 않고 물 속으로 나아갈 수 있게 합니다. 또한 발전기를 돌려 잠수함 속에서 사람들이 숨쉬기에 필요한 산소를 바닷물에서 얻어내며 그 힘으로 공기 정화기를 돌릴 수 있습니다.

공기 조절기는 잠수함 속의 공기를 맑게 합니다. 그러므로 원자력 잠수함은 여러 날 동안 바닷속에 잠겨 있을 수 있습니다.

또한 원자로는 얼마 되지 않는 작은 양의 연료로부터 많은 양의 에너지를 내기 때문에 배기 가스도 생기지 않습니다.

세계 최초의 원자력 잠수함은 1958년 미국에서 만든 '노틸러스 호' 입니다.

원자력 잠수함의 대표적인 '라이트 호' 는 미국에서 만든 것으로 84일 동안이나 바닷속에 잠겨져 세계를 한 바퀴 항해한 일이 있었습니다. 그 항해 거리는 66,787킬로미터였는데 그 잠수함은 그동안 단한 번도 물 밖으로 나온 적이 없었습니다.

원자력 잠수함들은 북극의 얼음산 밑으로도 다닙니다.

바다의 용이라는 원자력 잠수함의 선원들은 멀리 북극의 얼음산에서 야구를 하기도 하였답니다.

참으로 놀라운 발전이라고 할 수 있습니다.

그러나 원자력선을 만들기 위해서는 그 비용이 보통 배의 2~4배나 들기 때문에 일반 여객선에는 원자력 추진을 사용하지 않고 있습니다.

공격용 잠수함

전투용으로 사용하기 위해 원자력 잠수함은 계속 발전되고 있습니다.

잠수함에는 잠수함 대 잠수함의 싸움을 하는 대잠수함과, 수색과 파괴를 맡은 공격용 잠수함, 또 하나는 탄도 유도탄을 실은 원자력 미사일 잠수함이 있습니다.

탄도 유도탄 미사일은 '트라이던트' 같은 탄도 유도탄으로 무장하고 바닷속에 숨어서 다른 나라로부터의 핵무기 공격을 막습니다. 이러한 잠수함에는 낮게 떠서 날아가는 크루즈 미사일이 실려 있기도 합니다.

원자력 잠수함은 원자로를 덮고 있는 두꺼운 벽이

필요하기 때문에 디젤 엔진 잠수함보다 훨씬 커다랗습니다. 또한 연료를 걱정할 필요 없이 전기를 충분히 쓸 수 있기 때문에 잠수함 안에서의 생활은 불편하지 않게 되어 있습니다.

보통 잠수함 속도는 20노트이지만 원자력 잠수함은 35노트의 속력으로 매우 빠르기 때문에 원자력 잠수함이 공격용의 전함으로 계속 발전되는 것입니다.

앞으로의 해전은 원자력 잠수함의 싸움에서 승부가 날 것이라고 합니다. 그래서 각 나라에서는 잠수함을 더욱 개량하고 증강하는 데 힘쓰고 있습니다.

재미있는 배 이야기

2010년 7월 5일 인쇄
2010년 7월 10일 발행
엮은이 대한과학진흥회
펴낸이 신 주 황
펴낸곳 스완미디어
등록 제2-4534호
주소 중구 만리동2가 12-33 태영빌딩
대표전화 02) 393-0026
팩스 02) 312-8349

ISBN 978-89-92565-14-1

값 8,500원
※ 잘못 만들어진 책은 구입하신 곳에서 바꾸어 드립니다